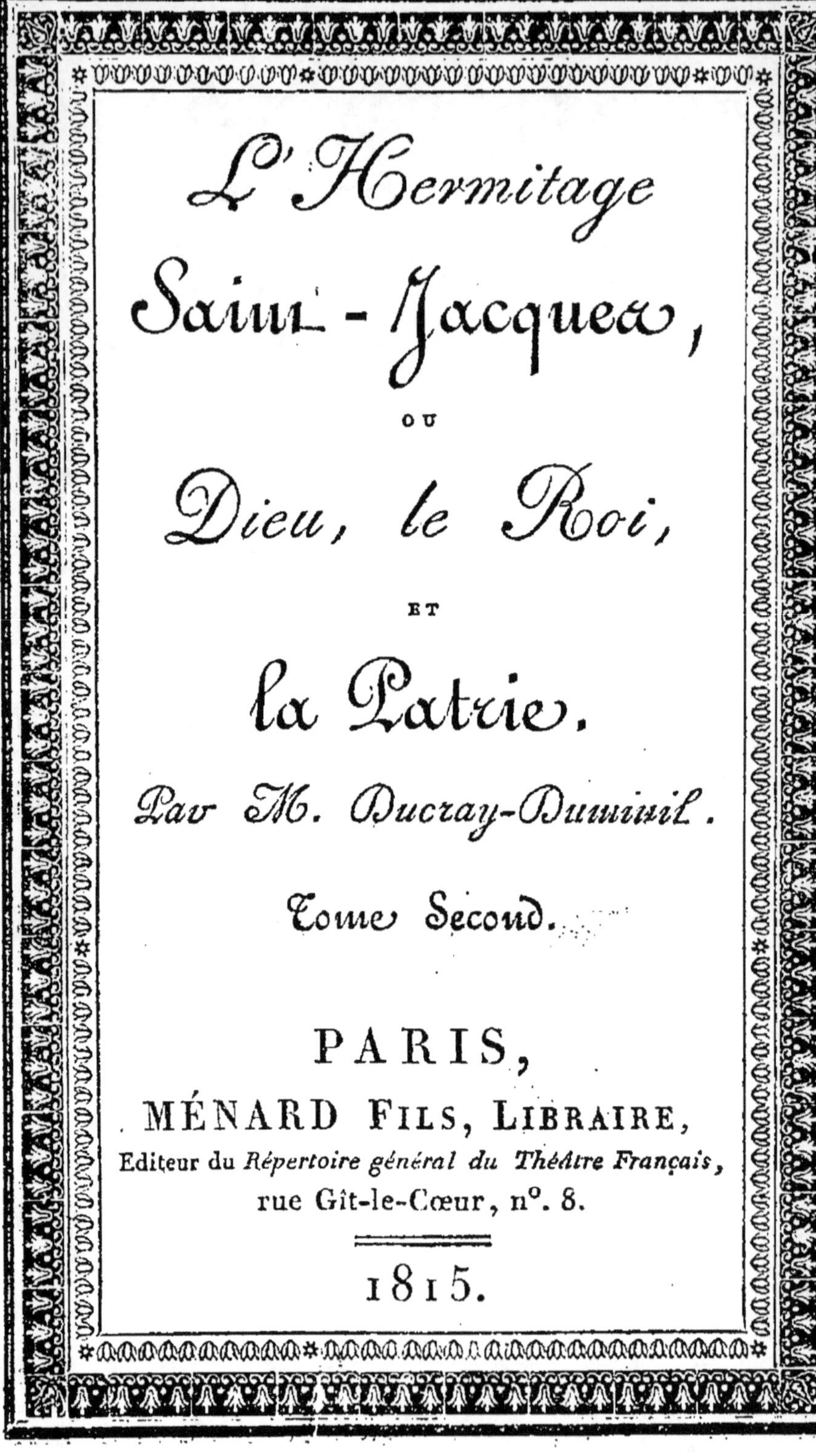

L'Hermitage Saint-Jacques,

OU

Dieu, le Roi,

ET

la Patrie.

Par M. Ducray-Duminil.

Tome Second.

PARIS,

MÉNARD FILS, LIBRAIRE,

Editeur du *Répertoire général du Théâtre Français*,

rue Gît-le-Cœur, n°. 8.

1815.

DIEU, LE ROI,

ET

LA PATRIE.

IMPRIMERIE DE MAGIMEL.

L'HERMITAGE SAINT-JACQUES,

OU

DIEU, LE ROI,

ET

LA PATRIE.

PAR M. DUCRAY-DUMINIL.

J'ai le prix de mes soins,
Et du sang des Bourbons je n'attendais pas moins.
VOLTAIRE, (*Adelaïde Duguesclin.*)

TOME SECOND.

PARIS,
MÉNARD FILS, LIBRAIRE,
Éditeur du RÉPERTOIRE GÉNÉRAL DU THÉATRE FRANÇAIS,
rue Git-le-Cœur, N°. 8.

1815.

L'HERMITAGE SAINT-JACQUES,

OU

DIEU, LE ROI ET LA PATRIE.

TROISIÈME MATINÉE

AUX

TUILERIES.

Les Tuileries me revirent, le lendemain, à l'heure indiquée pour le rendez-vous, et je n'y attendis pas long-temps l'homme au gros manuscrit. Eh bien! monsieur, me dit-il, avez-vous fait, comme vous me l'avez promis, des recherches sur mon coquin de Haut-Castel? — Oui, monsieur, et je vous les apporte. — Ah! c'est bien heureux; car, d'après l'atrocité de son caractère, tout le monde, vous le premier, aurait cru que c'était un personnage de pure invention, bien vil, bien tyran, comme on en voit dans nos romans, dans nos mélodrames modernes; et de là le cri bannal : *Où va-t-on chercher des scélérats de cette espèce, qui se ressemblent tous? où va-t-on les trouver?* — *Dans l'histoire*, messieurs, répondrez-vous, *dans l'histoire*, et je vais vous le prouver. — Très-facilement.

Je tire une note de mon porte-feuille, et je la lis à mon inconnu, ainsi qu'il suit :

« Pendant le séjour que fit Louis XIII à Bordeaux, en 1615, lors de la célébration de son mariage en cette ville, le parlement profita de la présence du Souverain, pour condamner au dernier supplice plusieurs scélérats, qui, *parce qu'ils étaient gentilshommes et qu'ils avaient des châteaux fortifiés*, se *croyaient absolument à l'abri des poursuites de la justice....* «

Mon inconnu interrompt : Cette phrase de l'histoire se trouve textuellement dans le premier volume de mon manuscrit, que nous avons fini hier.

Je continue : « Un gentilhomme du Quercy

nommé *Antoine Castagnet*, sieur *de Haut-Castel*, était de ce nombre. Le parlement l'avait condamné à avoir la tête tranchée pour des crimes énormes. *Henri d'Escoubleau*, cardinal *de Sourdis*, archevêque de Bordeaux, et le maréchal *de Roquelaure*, qui s'intéressaient vivement à ce misérable, qu'ils croyaient calomnié, demandèrent sa grace à Louis XIII, et l'obtinrent; cette grace fut signifiée quelques heures avant le moment de l'exécution du criminel. Le parlement ne crut pas devoir le relâcher, sans avoir auparavant remontré au roi l'énormité de ses crimes et la nécessité de la punition qu'il méritait. Louis XIII, mieux instruit, révoqua la grace. L'arrêt allait être exécuté ; mais les protecteurs du coupable avaient fait disparaître l'exécuteur des hautes-œuvres : on ne le trouva qu'à dix heures du soir, ivre et incapable de remplir sa fonction. Le maréchal de Roquelaure, voyant que le criminel allait être exécuté le lendemain, à midi, fit naître plusieurs difficultés pour gagner du temps, et le cardinal de Sourdis eut recours à un moyen *bien simple*. Il monte à cheval en manteau rouge, accompagné de quarante ou cinquante gentilshommes, marche à la tête de sa troupe, vers le palais de justice, en trouve la porte fermée, la fait enfoncer à coups de marteau. Le concierge ayant refusé de remettre la clef de la chambre où était renfermé *Haut-Castel*, un gentilhomme, de la suite du cardinal, nommé *Moulin Darnac*, plongea son épée dans le corps de ce malheureux, qui mourut une demi-heure après. On se saisit alors des clefs; *Haut-Castel* est tiré de sa prison; le cardinal le fait monter dans sa voiture, part avec lui et l'emmène dans son château de Lormon. Le roi, la reine et le nonce du pape, qui se trouvaient alors à Bordeaux, blâmèrent hautement la conduite violente de l'archevêque. Le pape l'interdit, et le roi l'exila (1) ».

Vous voyez, monsieur, reprit l'étranger, que voilà bien le personnage qui est si souvent en scène dans mon manuscrit? — Quel âge a-t-il, monsieur, dans votre manuscrit? — Mais, 38 ans; notre action commence, ici, en 1589, la même année de la bataille d'Arques. — Il

(1) *Description historique* des villes, bourgs, monastères, châteaux et provinces du Midi, par *Dulaure*. Tome III, page 125.

avait 64 ans, lors du mariage de Louis XIII. C'est bien cela, oh! c'est bien l'*Antoine Castagnet* dont il est question dans ma note. L'historien ne dit pas si, malgré tant de résistance apporté à son arrêt, il fut mis à exécution. — Je vous le dirai, moi; vous trouverez à la fin de mon ouvrage la manière dont ce méchant termina ses jours odieux. Des témoins oculaires nous l'apprendront.... Mais voulez-vous que nous nous remettions à notre lecture? — Volontiers. Nous allons commencer le second volume; lisons.

> Lorsque la saison des frimats a fixé le tremblant citadin au triste coin du feu. Lorsque la nature en deuil et dépouillée de sa verdure, ne présente à l'œil que neiges, glaces, nudité complète, si les Gémeaux viennent enfin revêtir les champs, les prés, les bois, de leur parure naturelle, tout sort, tout respire; le voyageur retenu dans une cité lointaine, se remet en marche pour aller revoir sa patrie, son jardin, ses fleurs, ses fruits..... Mais le Lion ne lui présage-t-il pas quelques orages, qui vont reculer le but où tendent tous ses vœux!

VIRGINA? — Ma mère? — Où donc es-tu? — Me voilà ma mère, j'arrive : vous savez ben que vous m'avez envoyée porter la soupe à ce pauvre garçon qui est tombé de cheval, ce matin, sur la route, et que la voisine Mathias a recueilli malgré nous, qui voulions exercer cette bonne œuvre. — J'sais ben ça; mais, comme voilà la nuit qui approche ben fort, je commençais à être inquiète de toi, eh puis, nous venons de trouver encore *un pauvre garçon*, qui est bien pus intéressant pour toi que l'autre, vas! —Qui donc, ma mère? —Dam, devine? — C'est-il mon cousin Leleu? —Non. —Ah, c'est Claudin, mon frère de lait! —Bah! est-ce que ces garçons là ont quitté le village donc? —Quitté le village.... Ah, mon Dieu, ma mère, le cœur me bat! mon Dieu, si c'était lui, si c'était Bastiano! —C'est lui-même. —Quoi! Bastiano, mon prétendu, qui depuis quatre ans fait la guerre dans l'armée de notre bon roi

Henri, qui a été blessé qu'on a cru qu'il en mourrait; il est revenu?—N'y a pas une demi-heure, à peine étais-tu partie?—Qué bonheur, ma mère, où est-il? dans la maison.—Ah ben oui! il est allé, avec ton père, chercher, dans le village, un homme qui va vous rendre des pus heureux.—Contez-moi donc ça, ma mère? Je ne me sens pas d'aise.

La bonne Bertille fait à Virgina le récit suivant : Ton père et moi, nous étions, il y a un gros quart d'heure de ça, ici là, sur la route, devant notre maison, assis sur le banc rond du gros noyer, lorsque nous vîmes arriver de loin un militaire, qui courait, qui courait! Tiens, Guillaume, je dis à ton père, à voir comme ça de loin, on dirait que c'est notre orphelin que nous avons élevé, ce pauvre Bastiano?—Mais, not'femme, quem' dit ton père, c'est que c'est lui en effet. Voilà ben sa taille, sa démarche ; il nous voit de loin, il nous dit bonjour de la main, c'est lui. —Pas possible, mon homme, que je lui réponds, ne nous a-t-on pas écrit que Bastiano a été blessé à cette fameuse bataille d'Arques, qu'il était dans un hôpital et qu'on désespérait de sa vie? — C'est pourtant lui, notre femme; car le voilà dans nos bras ».

« Bastiano saute à nos deux cous, en pleurant de joie, en disant : Mon père! ma bonne mère !.... il a ben raison de nous appeler comme ça ; car depuis l'âge de cinq ans qu'il a perdu les auteurs de ses jours, c'est ton père et moi qui li en avons tenu lieu. Tu sais ben ça, Virgina? — Pardi, ma mère! si ben que nous avons été élevés ensemble, Bastiano et moi; que nous nous sommes aimés dès l'enfance, et que nous allions nous marier quand il lui a fallu partir pour aller se battre comme soldat dans l'armée de notre bon roi Henri. — Bastiano n'y fut pas forcé, mon enfant, tu t'en rappelles; mais le seigneur de notre village demandait des soldats de bonne volonté pour servir la cause du roi; Bastiano, malgré son amour, se présenta, et tous nous l'applaudîmes d'une si belle résolution. C'est que le roi, ma fille! un si bon roi que le nôtre! ça doit être servi avant tout. — Je le sais ben, ma mère, aussi je renfonçai joliment mes larmes, allez.... Mais continuez donc ce que vous me racontiez? Il criait : mon père! ma bonne mère! — Oui, et nous nous sommes mis, ton père et moi, à pleurer de joie de le revoir. Tu penses ben qu'il a demandé tout de suite de tes nouvelles. On li a dit que tu étais absente pour un moment, et ton père a ajouté : puisque te voilà, c'est que tu es libre, c'est que not' bon roi est vainqueur ? — Mon dieu, non, qu'il a répondu. Le Grand Henri n'est pas encore entré dans sa capitale ; mais ça ne tardera pas. Qûant à moi, j'ai un congé de semestre, que je vais passer avec vous. — T'as six mois à passer près de nous ? — Oui, père Guillaume, et j'ose espérer que, pendant tout ce temps-là, vous trouverez ben un moment pour me fiancer.... — Avec Virgina ? dès ce soir, mon garçon. Tu seras fiancé dès ce soir, et demain la noce. — Quoi ! vrai ? qué bonheur !

» Il saute de joie, il fait de véritables folies, tant il est content. Ton père li répond : pour preuve de ça, mon garçon, c'est que je t'engage à venir sur-le-champ avec moi, chercher le tabellion. Nous le ramènerons, avec nos parens et amis que nous inviterons à souper avec nous, et ma foi, ce soir, nos deux amans seront fiancés. N'est-ce pas, ma femme ?

» Je li réponds que je l'veux ben, et là dessus ils sont partis tous deux. Ils vont revenir, ma fille ; mais, comme ils amèneront le tabellion, du monde, tu sens ben qu'il faut nous dépêcher de faire à souper pour tout ça. — Et avec quoi, ma mère ? dans ce petit village, qui est encore à cinq lieues de la plus prochaine ville, on ne trouvera rien, et des fiançailles, ça demande, je crois, une espèce de gala ! — J'ons de quoi ici, vas, j'ons de quoi. N'avons-nous pas un cochon de lait ; faut le tuer. Et puis une de nos trois dindes, deux canards et cinq lapins ! Bah ! il y a de quoi faire une noce. Allons, mettons-nous à l'ouvrage. »

Bertille et Virgina travaillent soudain au souper, et bientôt Guillaume et Bastiano reviennent avec le tabellion, accompagnés encore de deux femmes et de six bons paysans, leurs parens et amis. Pendant que Bastiano et Virginia se livrent aux effusions que leur inspirent le plaisir de se revoir, Guillaume dit à part à sa femme : Bertille, je n'ai voulu réunir ce soir que mon frère, le tien, leurs deux fils, le compère et le cousin, avec leurs femmes. Tu entends bien que, si nous voulons causer.... sur Henri !..., boire à la santé de ce bon roi, nous livrer à tout notre amour pour li, il ne nous faut que des gens sûrs, qui pensent comme nous, et non pas de ces ligueux sournois qui iraient nous dénoncer. — Tu as raison ; mais le tabellion, crois-tu ? — Ah ! c'est un honnête homme, ça aime son roi... autant que nous. J'en ons des preuves. Nous rirons, vas, nous boirons, et nous chanterons *vive Henri !*

Bertille lui met la main sur la bouche, en lui disant : Paix donc, imprudent, si on t'entendait ! — Et qui ? voilà le soleil couché : il n'y a pus personne dans ces campagnes. — Il n'y a pus personne ? J'ai pourtant cru entendre tout à l'heure un bruit de chevaux sur la grande route là-bas, et qui venaient comme qui dirait par ici. Tiens, écoute ; l'entends-tu ? — Oui, c'est vrai. — Paix, écoutons toujours.... — Ça semble s'arrêter. — Oui, ça s'arrête. — Oh, ben sûr, c'est arrêté. — Mais où ?

N'y a pas une seule aubarge à deux lieues à la ronde; pas même dans notre village, qui n'est pas sur la grande route, et où il ne passe jamais d'étrangers. — Oh, notre femme, c'est arrêté, pour sûr. Mais quoique ça nous fait ? Allons rejoindre notre monde qui est là dans la salle basse. Tiens, i's'ont ouvert la fenêtre qui donne sur le petit bois ? I's'ont ben fait. Les orages et ce tremblement de terre d'hier, qui a fait, dit-on, tant de dégâts aux environs de Cahors, n'ont pas rafraîchi l'air. Il fait encore une chaleur ! vois comme le temps se couvre ! Nous allons avoir de nouveaux orages. Voilà des premiers jours de printemps qui ressemblent ben au plus fort de l'été.

Guillaume et sa femme entrent dans la salle basse, où leurs parens et amis entourent Bastiano, en le serrant dans leurs bras. Virgina s'échappe aussi de temps en temps de la cuisine pour venir embrasser son prétendu, et la bonne mère Bertille se met à travailler au souper, avec une ardeur qui prouve qu'elle desire ménager à sa fille quelques momens pour aller ainsi, de la cuisine à la salle basse et de la salle à la cuisine.

» Tandis que le tabellion, assis devant une table, griffonne, ses lunettes sur le nez, le contrat de mariage des amans, sous la dictée de Guillaume, Bastiano dit aux autres à demi-voix : il faut que je vous montre quelque chose qu'on m'a donné, et qui est tout brillant d'or et de broderies. — Voyons donc ça? — Avant, il faut que je vous dise comment cela est arrivé. C'était hier matin ; j'avais passé Sarlat, et j'étais dans un bois épais. Un seigneur, richement habillé, était à cheval, seul, sans domestique. Il courait derrière moi, si vîte, si vîte, que son cheval fit un faux pas, et le jeta par terre. Je courus soudain à lui, et l'aidai à se relever. Quand je vis qu'il n'était pas blessé, je courus aussi à son cheval qui s'était arrêté plus loin, et je le lui ramenai, en lui disant : monseigneur, voilà votre cheval ; mais, si cette chute vous a empêché d'y remonter, je le menerai par la bride, et je vous soutiendrai, de l'autre côté, sous mon bras. — Il me répond : bon soldat, je vous jure que je ne me suis presque pas fait de mal, grace à vous qui m'avez secouru à temps. Qui êtes-vous, jeune homme ? qui servez-vous ? — Monseigneur..., je serais imprudent de répondre à cette question. — Je vous entends ;

entends ; dans ces temps de factions, il est vrai qu'on ne sait à qui on s'adresse ; mais, quand vous seriez d'un autre parti que le mien, vous sentez qu'il faudrait que je fusse bien ingrat, après ce qui vient de se passer, pour en abuser et même pour vous en vouloir ! il faudrait être un grand scélérat. Voyons, dans quelle armée êtes-vous? — Un bon Français, monseigneur, peut-il servir un autre que son roi légitime? — Vous seriez? ô bonheur ! — Oui, monseigneur, je suis pour le Grand Henri, suivant les expression dont il se sert souvent, *à la vie! à la mort!* — Ne me trompez-vous pas? — Vous avez un air de bonté, monseigneur, qui me donne la confiance de vous dire la vérité, et, pour vous le prouver, je vais vous montrer mon congé de semestre que ce bon roi m'a donné lui-même, et signé de sa main : le voilà. — Je le vois.... Oui.... c'est bien là le seing de mon roi. Il a mis, de sa main aussi, une apostille à ce congé. — J'ai été blessé à Arques, auprès de lui ; transporté dans un hôpital, ma plaie s'est trouvée sitôt guérie que j'ai desiré retourner à l'armée. Placé, une nuit, en sentinelle à la porte de sa tente, le roi ne dormant pas, en sortit au point du jour, me vit, me reconnut, et me donnant un léger coup sur l'épaule, il me dit avec cette franchise que vous lui connaissez : Eh mais, camarade, n'as-tu pas reçu un coup de feu à mes côtés, à la glorieuse bataille d'Arques ? — Sire, j'ai eu ce bonheur. — Je me suis informé de toi ; tu es un bon compagnon. On m'a dit que tu étais sur le point de te marier, il y a quatre ans, quand tu t'es volontairement dévoué à ma cause. Je veux que tu ailles faire ce mariage-là, et que tu te reposes en même temps. — Sire, ma blessure est fermée, mon bras peut encore vous servir. — Eh ! tu m'en feras une douzaine d'autres, mon ami. Je ne saurais avoir trop tôt de la postérité d'un brave tel que toi.

» Ce sont ses propres expressions, monseigneur. Il ajouta : suis moi, mon ami ?

» J'entrai avec lui dans sa tente, et après que je lui eusse donné mon nom, il me signa ce congé de semestre, en y ajoutant, comme vous le voyez... — Oui, reprit le seigneur, je vois qu'il y a là : *Qu'il se marie. Je nommerai son premier garçon, et il aura nom* LA VALEUR !... Mais, pourquoi, Bastiano, ce grand roi ne t'a-t-il pas donné ton congé définitif ? —

Il le voulait, monseigneur. Je l'ai refusé; j'ai exigé qu'il ne fût que de six mois. Est-ce que je ne lui dois pas ma vie, mon bras, tout mon être, tant que j'aurai la force de le servir!....

» Le seigneur me fit, sur cette réponse, des complimens trop flatteurs, et s'écria : Heureux les princes qui savent exciter le dévouement de pareils sujets!

» Puis, il ajouta : Brave Bastiano, tu peux encore le servir utilement pendant les six mois que tu vas passer hors de son armée. Reçois de moi cette décoration, que tu auras grand soin de cacher aux yeux des ligueurs, de tout étranger suspect. Elle te fera reconnaître à *l'Hermitage Saint-Jacques*, dont je te nomme un des hermites. — Moi, hermite, monseigneur? — Ecoute : j'ai vu sur ton congé que tu es de Surville, village à dix lieues de Cahors ; tu sauras que je connais le curé de ce petit village, qui est un zélé royaliste. Vas le voir ; il t'indiquera le lieu où tu trouveras l'Hermitage Saint-Jacques ; tu te rendras, le plutôt possible, à cet Hermitage, et là on te donnera des instructions que tu suivras à la lettre. Il s'agit, mon ami, d'être toujours utile à ton roi, même dans le repos apparent dont tu vas jouir après tant de fatigues, dans le sein de ta famille. — Ce motif, monseigneur, est tout puissant pour moi. Je vous promets de faire ce que vous m'ordonnez. — Tu me le jures ! — Sur Dieu et la Patrie !

» Ce serment me fut suggéré par l'examen du bijou qu'il me donnait, accompagné d'une petite flamme que j'ai aussi. Le voici. Jugez-en vous-mêmes. »

Bastiano tira de son sein une décoration qui y était suspendue par un ruban vert, couleur de l'espérance. C'était une petite plaque, sur laquelle était brodée la coquille, ou l'écaille qui fut le berceau d'Henri IV, et que la ville de Pau conservait avec soin. Au-dessus de cette coquille, on lisait, sur une banderolle, cette légende: DIEU, LE ROI ET LA PATRIE. La flamme, de taffetas blanc, portait également ces mots, et il était enjoint aux hermites de la suspendre à la muraille, dans leurs lieux de réunion.

Bastiano montra aussi son congé, où les caractères sacrés, tracés par le roi lui-même, furent religieusement baisés par tous ces paysans à la ronde. Ils admirèrent long-temps cette écriture et la décoration de l'Hermitage Saint-Jacques ; puis Bastiano termina son récit de cette manière :

« Le seigneur qui venait de me faire ce précieux cadeau, voulut y ajouter une bourse. Je la refusai. En vain objecta-t-il que c'était pour ajouter à la dot de ma future et son présent de noces ; je lui assurai que mon beau-père, qui m'avait élevé, moi orphelin, avait, pour son état, une honnête aisance, qui nous suffirait. Je m'obstinai enfin à ne garder que le bijou, qui m'était nécessaire pour me faire reconnaître à l'Hermitage Saint-Jacques. Je remerciai le grand seigneur, qui me quitta, et je m'acheminai ensuite vers votre maison, père Guillaume, où je ne vous dis rien de cela d'abord, afin d'attendre que vos parens et nos amis fussent rassemblés, pour leur apprendre, ainsi qu'à vous, ce singulier événement ».

C'est en effet ben étonnant! dit Guillaume, cet Hermitage Saint-Jacques, dont je n'ai jamais entendu parler! Où est-il? — Patience, mon père; votre respectable curé me le dira. — Et ce bon roi Henri, qui veut tenir ton premier enfant! O mon Dieu! qué brave homme! C'est ben là le cas, mes amis, de suspendre au mur le petit drapeau, et de crier *vive Henri!*

Ce cri se répète dans la salle, mais un peu plus haut qu'à demi-voix. Doucement donc, mes amis! dit Guillaume; s'i passait par ici quelque ligueux!.... — Justement, interrompt Bastiano, je viens d'entendre, près de nous, là, dans le bois, un bruit de pas, comme de quelqu'un qui s'y cachait. — Crois-tu? qui pourrait-ce être? — Tenez, encore! entendez-vous remuer le feuillage? — C'est

vrai.

vrai. — Je vous dis, mon père, qu'il y a quelqu'un. — Miséricorde! si c'était le méchant magister de Surville! il sait que j'ai du monde, ce soir; et, comme je ne l'ai pas invité à souper, il est capable de venir nous espionner. Avec ça qu'il est jusqu'au cou dans le parti des ligueux ; il nous perdrait! — Mon père, le bruit redouble ; on vient ici. — Pourquoi aussi a-t-on ouvert cette croisée ?

En effet, un particulier accourt, de l'extérieur, vers cette fenêtre qui donne sur un petit bois. C'est un jeune homme très-bien fait et vêtu avec une sorte de magnificence. Le père Guillaume s'écrie : C'est le maître d'école! — Et non, mon père, lui répond Bastiano ; c'est sans doute un seigneur. — Eh! tu ne rêves que seigneurs! — Au surplus, tenons-nous sur nos gardes, et voyons ce qu'il va nous dire.

L'inconnu penche sa tête et une partie de son corps, de la croisée dans la salle ; puis il dit avec onction et sentiment : Bonnes gens, braves, excellentes gens ! je suis ravi de vous entendre. Des larmes d'attendrissement coulent de mes yeux ! Vous aimez bien votre roi ? et moi aussi ! Oh ! moi, je lui ai consacré ma vie !.... Et, pour preuve de ce que j'avance, voyez cet ordre, pareil à celui que vient de vous montrer ce jeune homme ?

Il tire de son sein la décoration de l'Hermitage Saint-Jacques, qu'il porte aussi, et il continue : Je suis membre de cette fameuse aggrégation, dont on communiquera les secrets à mon jeune camarade que voilà. C'est vous dire assez que vous n'avez aucun sujet de vous méfier de moi.

Mais, monsieur, lui demande Bastiano, qui êtes-vous? Comment vous trouvez-vous là, et pourquoi avez-vous eu l'indiscrétion de nous écouter?

L'étranger répond : Avez-vous entendu parler de Roland de Mortagne? — Le frère de l'infortuné comte Aldouin, dont Henri et toute la France ont pleuré la mort? Je l'ai connu, moi; je l'ai vu à l'armée, ce brave Roland de Mortagne, et ce n'est pas vous. — Je ne vous ai pas dit que ce fût moi. Je suis seulement Adalard, son écuyer. — Adalard! quoi! ce fameux troubadour, l'émule, le camarade et le joyeux rival de maître Vauquelin Desiveteaux? Adalard, de qui toute l'armée du bon roi chante en chœur les chansons guerrières ou grivoises, ce serait vous? — Moi-même. — Il nous arriverait là un grand bonheur ! Mais je ne puis comprendre ce qui vous amène ici, à cette heure, perdu dans ce bois si peu fréquenté, et justement à notre fenêtre. —Permettez-moi d'entrer ; je vous expliquerai cela.

Guillaume regarde Bastiano d'un air de méfiance. Bastiano lui dit : Ne craignez rien, mon père ; c'est un chevalier de l'ordre de l'Hermitage ; c'est le célèbre Adalard ! Ecoutons-le, et, s'il est égaré, offrons-lui l'hospitalité. Je vous jure que personne plus que lui n'est capable d'égayer votre souper.

A ces mots, et sans attendre une plus ample permission, Adalard saute par la croisée dans la salle. Il referme lui-même cette croisée avec le plus grand soin ; puis il dit à demi-voix aux paysans, à peine remis de leur effroi : Mes amis ! oui, je vous la demande l'hospitalité ; mais pas seulement pour moi. J'accompagne une des plus intéressantes victimes du malheur, et c'est pour elle que je vous implore. — Quelle est cette victime? — Apprenez que j'ai eu, ce matin, le bonheur de sauver une prisonnière à laquelle vous vous intéressez tous. Oui, mon adresse a su briser les fers de la jeune, de la belle Espérie de Hautefère, de la fille de l'infortuné comte Aldouin. — Quel bonheur! s'écrie Bastiano; mais elle était dans la tour de Cahors. — J'ai brisé ses fers, vous dis-je! Elle n'y est plus, puisqu'elle est à deux pas d'ici. Après l'avoir fait échapper, comme par miracle, à la surveillance de sa geolière, Espérie est montée dans une litière que j'avais toute prête à la porte de la tour. Moi et un de mes gens, nous sommes montés à cheval auprès d'elle ; et, voyageant ainsi, nous nous sommes trouvés ce soir attardés sur la route, sans pouvoir y rencontrer une seule auberge. Un bucheron qui se retirait, nous a dit que nous n'en trouverions pas d'ici à deux ou trois lieues à la ronde. Que faire de mon précieux dépôt ! Vous jugez de mon embarras ! Je descends de ma monture, que je donne à garder à Fabio. Je cherche, j'examine, je suis d'abord la lisière de ce bois. Tout-à-coup, j'entends plusieurs voix.... Des espèces de cris frappent même mon oreille..... Je m'enfonce dans le bois.... Une clarté brille au loin à ma vue.... Les voix deviennent plus distinctes ; j'écarte enfin les arbres qui s'opposent à ma recherche ; et, parvenu au point de vous voir sans être vu, je m'arrête, dans la crainte de me jeter, sans le savoir, dans un parti de ligueurs..... Mais j'aperçois cette flamme, où sont tracés nos mots sacrés de ralliement; je vois ce jeune militaire qui vous montre la décoration de notre ordre fidèle; et, plus que tout cela, j'entends vos cris unanimes et touchans de *vive Henri!*.... Je suis sûr alors de votre opinion, et, cédant à mon enthousiasme, je me précipite sur cette croisée, d'où, sans le prévoir, je vous ai causé un effroi dont j'ai bien du regret. Ainsi, vous le voyez, mes amis, je suis à vous, pour vous; et, puisque nous nous entendons tous, vous m'aiderez sans doute à faire passer une bonne nuit à la fille du comte Aldouin, à la nièce de mon maître, le grand et vaillant Roland de Mortagne? — Oui! oui!

Telle est la réponse de tous nos bons paysans. Guillaume ajoute :

Allons la chercher sur-le-champ. Bastiano seul viendra avec moi; il serait imprudent que tout le monde sortît. Nous suivrons ce bon seigneur qui nous indiquera où il a laissé cette dame, si intéressante pour tous les bons Français. — Oh! répond Adalard, ce n'est point très-loin d'ici; il s'agit de traverser ce bois. — Nous prendrons le chemin de traverse qui sera plus court; nous le connaissons, nous. Mais la nuit est noire à ne pas se voir; Bastiano, prends ma lanterne sourde, et partons — Partons. — Attendez-nous, vous autres? Toi, femme, ainsi que ta Virginie, mettez deux couverts de plus, et que le souper soit tout prêt à notre retour.

Guillaume et Bastiano marchent d'abord devant Adalard, dans un petit sentier qui les conduit bientôt jusqu'à la grande route. Ils aperçoivent plus loin la litière d'Espérie, et Fabio, à pied, gardant deux chevaux. Nous y voilà, dit Adalard à ses compagnons; approchons et rendons un peu de sécurité à cette chère demoiselle.

Il l'appelle : Mademoiselle Espérie? — Est-ce vous, fidèle Adalard? — Je ne suis pas le seul qui vous soit fidèle, comme vous allez le voir. Un bon habitant de ces campagnes, ami de Henri autant que nous, veut bien vous donner l'hospitalité. Le voilà avec son gendre futur. Veuillez me permettre de vous accompagner jusque chez eux? — O Adalard, je le veux bien! je suis si fatiguée, si troublée! hier, ma mère! aujourd'hui, cette fuite! que d'événemens en si peu de temps! bonnes gens, je me livre volontiers à vous, puisque l'ami de ma famille, le fidèle Adalard me le conseille. —

Oh ! venez, répond Guillaume, venez avec nous, allez, et ne craignez rien. A présent que vous voilà sous notre garde, nous mourrions tous, s'il le fallait, pour vous défendre. — Heureux changement ! je revois donc des hommes sensibles !

Espérie, appuyée sur les bras d'Adalard et de Guillaume, reprend avec eux le petit sentier ; Bastiano conduit les deux chevaux, et Fabio guide les mulets qui portent la litière. Tout cela arrive en silence au rustique manoir du bon Guillaume, où celui-ci fait entrer Espérie et Adalard dans la salle commune. Espérie salue avec grace les bons paysans, qui tous se récrient à demi-voix sur sa beauté, sa candeur et son extrême jeunesse. Infortunée fille d'Aldouin, lui dit Adalard, comtemplez cet étendard ? examinez les figures gaies, franches, ouvertes, qui vous admirent; tout vous dit que vous êtes ici en sûreté. Ce sont les amis de Heuri, de votre père, de mon digne maître; c'est vous prouver assez que ce sont les vôtres... Mais, s'ils nous accordent l'hospitalité, belle Espérie, n'oublions pas qu'ils sont réunis pour une fête de famille, et ne troublons pas leur gaîté par l'excès d'une tristesse qui répandrait un sombre nuage sur leurs plaisirs. Ce notaire qui écrit, ces deux jeunes gens qui se serrent la main, tout nous dit qu'il est question d'un mariage. Qu'il se fasse sous d'heureux auspices et que la joie y préside. Je veux y chanter, pour ma part, une douzaine d'épithalames! Belle Espérie, tâchez de vaincre?... — Le puis-je, Adalard, dans une pareille situation? ma mère! ma mère! hier!... — Je sens bien.... — Souffrez que je demande la permission de me retirer ?

Guillaume répond pour Adalard : All' vous est accordée, mademoiselle. Nous savons trop tous ce qui s'est passé hier ! — Sans doute, mon père, dit Bastiano. Ce serait mettre à une trop rude épreuve la tendresse filiale que vouloir la contraindre à une complaisance aussi déplacée.

Bertille se lève et dit : Madame, j'vas vous conduire à ma chambre qui sera, s'il vous plait, la vôtre pour cette nuit; j'coucherai avec ma fille, moi.

Espérie aurait bien voulu ne pas déranger ainsi cette excellente paysanne ; mais elle souffrait tant des coups du sort qui l'avaient frappée à la fois, qu'elle accepta cette offre et se retira avec son hôtesse.

Une demi-heure après, Bertille revint : Notre belle demoiselle est au lit, dit-elle bas ; j'espère qu'elle va s'endormir ; car j'ai fait tout ce que j'ai pu pour calmer sa douleur et ses justes regrets. — Pauvre enfant, dit Adalard ! a-t-elle assez souffert ! sans ce qu'elle souffrira, ajoute Bastiano ; car on assure que ce méchant seigneur de Haut-Castel ne croira pas sa vengeance satisfaite, tant qu'il restera un rejeton de la famille du vertueux comte Aldouin. Oh que la mort de ce brave a fait de mal à l'armée ! le roi en a versé des larmes. Oui, ce bon roi, après nous avoir rassemblés, nous dit : *Français ! un Français vient d'être assassiné en traître. L'état a perdu un excellent citoyen, et l'armée un de ses plus fermes soutiens ? mon ami* Aldouin de Hautefère *a été vilainement égorgé à Cahors. Ventre saint gris ! je jure que cette ville me reverra! Il y a neuf ans, vous vous en souvenez tous, je n'étais alors que roi de Navarre, je me battis dans Cahors pendant quatre jours et cinq nuits. Je soumis bien cette ville rebelle! je recommencerai, oh! je recommencerai!... — Ce n'est pas ainsi,* dit alors au roi un de ses gentilshommes, *ce n'est pas ainsi, Sire, que cette ville devrait revoir son roi!... Elle ne devrait pas oublier cependant que, parti secrètement de Montauban, à la tête d'une troupe de soldats choisis, et les remparts de Cahors ne vous opposant qu'une trop faible résistance, vous vous rendîtes maître du terrain que vous disputaient deux mille hommes commandés par Vesins; que malgré le feu terrible et continuel qui partait de la barricade de Pillegri, vous dégageâtes un gros de vos soldats entourés d'ennemis, et repoussâtes les nou-*

veaux venus ; qu'ensuite....—Vicomte de Turenne, interrompit le roi, *ne me donnez pas vos exploits, s'il vous plait? ils sont bien à vous, et c'est bien vous qui, après avoir fait, à la tête de votre compagnie, quatorze lieues en un jour pour venir à mon secours, avez dégagé ces braves et renversé les retranchemens des rues. — Votre Majesté, Sire*, reprit le vicomte de Turenne, *a bien peu de mémoire pour ce qui la regarde, et trop pour les faibles actions de ses serviteurs. Ne se rappelle-t-elle plus que* Chouppe, *qui avait eu le bonheur d'arriver avant moi, trouva lui-même la besogne faite. Tous les hauts faits d'armes venaient de Votre Majesté, et la plus grande barricade, renversée, Sire, par vous-même en personne, vous rendit maître de la grande rue et de toute la ville. — Toujours est-il vrai*, répartit le roi, *que cette victoire me coûte trois de mes meilleurs capitaines*, Sallignac, Roquelaure et Saint-Martin! *Cahors vient de m'enlever encore mon ami* Aldouin. *Il y sera vengé*, *messieurs, je vous promets qu'il y sera vengé!*

Ce récit avait intéressé vivement les bons paysans. Bastiano ajouta : n'oubliez pas, sir Adalard, de rendre, mot pour mot, ces paroles du Roi à votre jeune maîtresse; elles contribueront peut-être à adoucir ses peines; elles consoleront du moins cette infortunée..... Mais, après avoir fait la part de l'intérêt qu'elle inspire, souffrez, père Guillaume, que nous nous occupions un peu de l'affaire qui nous rassemble tous ici. Le notaire est-là.... vous m'entendez?

Guillaume regarda en souriant Adalard et lui dit : que pensez-vous de de mon jeune homme ? Est-il pressé, hein? —Il a raison.

Guillaume ajouta tout bas : Comment trouvez-vous qu'il parle ? Bien, n'est-ce pas ? Oh, il est savant, lui, plus que nous tous ! c'est un Italien d'origine. Ses père et mère sont morts qu'il était encore en nourrice, ici, chez nous. C'est ma femme qui l'a nourri : ses parens n'ayant pas un sou de fortune, par des pertes qu'il serait trop long de vous raconter, ma foi, nous l'avons élevé, et Dieu nous a récompensés, d'avoir adopté l'orphelin ; car, depuis ce temps-là, nos petites affaires n'ont fait que prospérer. Quand j'ai vu çà, je l'ai confié à notre curé qui en a fait comme je vous l'ai dit tout à l'heure, un vrai savant, un puits de science. C'est volontairement dà qu'il s'est fait soldat. Je ne l'ai pas géné, non ; je me suis dit : tous ceux qui ont deux jeunes bras doivent les employer au service d'un si bon Roi ; ainsi, pars, mon garçon, et il est parti. —Et le voilà revenu. —De ce coup-ci par exemple, je tâcherai qu'il reste. Que chacun en fasse autant que lui —Vous avez bien raison, père Guillaume.

Le notaire fit signer le contrat à tout le monde, à Adalard lui-même que Bastiano pria de lui faire cet honneur, et l'on servit le souper ; il fut gai. Adalard se fit donner sa guittare, et chanta des rondes villageoises et guerrières, qui furent répétées en chœur par toute l'assembée. On pense bien qu'on y but à la santé du Roi, et que le cri de *vive le Roi chéri* ne fut pas oublié.

Avant de se séparer, Adalard dit au père Guillaume : à propos, cher hôte, j'ai oublié de vous demander en quel lieu nous sommes ici ? — Vous êtes à un endroit nommé Surville, petit village à dix lieues de Cahors, d'où vous venez, et à cinq lieues de St-Ceré, où peut-être vous irez demain ; à moins que vous n'alliez à Roquamadour ; c'est plus loin, il y a d'ici treize lieues. — Treize lieues d'ici à.... à Roquamadour !.... je vous remercie. Bon soir, père Guillaume ; bon soir, bonne Bertille.

Bertille répond : ah, vous pouvez vous coucher tranquille, je viens de voir tout doucement votre maîtresse ; elle commence à se livrer aux douceurs d'un repos, qui lui est si nécessaire !.... Mais je vous recommande ben de ne pas la laisser partir, demain, sans déjeûner ? Je vous ferai à déjeûner de très-bonne heure ; vous me le promettez ? — Nous comptons sur cette nouvelle bonté de votre part.

Le lendemain Adalard descendit, de bon matin, et, apprenant que la jeune comtesse de Hautefère était levée, il s'empressa de se rendre à la chambre de Bertille où elle avait passé la nuit: bon jour, belle Espérie lui dit il, comment vous sentez-vous? —Moins fatiguée sans doute, cher Adalard, mais non moins désolée. Adalard, vous me pardonnerez l'impolitesse avec laquelle je vous ai quittés tous, hier soir? Si nous eussions été seuls, peut-être eussé-je résisté à l'excès de la lassitude qui m'accablait; car j'étais et je suis encore bien curieuse de savoir comment vous avez fait pour vous présenter à dame Maurille sous le nom du chevalier Frédégond, et pour lui donner l'ordre de ma sortie signé du seigneur de Haut-Castel lui-même? Comment vous êtes-vous procuré cet ordre si utile pour moi? Ces détails, que je n'ai pu avoir de vous pendant la journée d'hier, puisque vous voyagiez à cheval à côté de ma litière fermée, puis-je espérer, fidèle Adalard, que vous voudrez bien me les donner ce matin ?

Adalard lui répondit : il m'est facile de vous satisfaire sur ce point, mademoiselle, pendant que notre obligeante hôtesse prépare, là bas, un déjeûner qu'elle veut absolument que nous acceptions. Veuillez donc m'écouter avec attention ; ce récit ne sera pas long.

« Vous savez que, chargé d'une dépêche secrète du comte votre père pour le grand Roi Henri, j'eus le malheur, à cinq lieues seulement d'ici, de faire une chute de cheval qui me laissa presque pour mort sur la place. Lorsque je repris mes sens, je me trouvai couché sur un lit dans un espèce de cachot, grillé, humide et noir. Plusieurs hommes m'entouraient, et l'habit lugubre qu'ils portaient me fit voir que c'était des chirurgiens qui étaient là pour panser ma blessure. Je ne me trompais pas; mais soudain, songeant à mon précieux dépôt, je voulus fouiller dans mes poches, pour m'assurer s'il y était encore. Un espèce de geolier me dit : ne cherche pas, traitre; les complots de ton maître et les tiens sont découverts; tes papiers sont entre les mains de M. le baronnet Rémistan!

» Je vis soudain le comte votre père perdu, et moi avec lui; mais que faire dans une pareille extrémité!

» Il se trouva que ma blessure était légère. Une trop grande hémorhagie de sang m'avait seule fait perdre connaissance; cela fit qu'au bout de deux jours je me trouvai en état de me soutenir, de marcher dans mon cachot. Pendant ce peu de temps j'avais sçu intéresser en ma faveur le chirurgien en chef de la prison. J'ai, mademoiselle, un nom assez heureux. Quelque réputation que m'ont value de foibles talens pour la poësie et sur la guittare, attache à ce nom une espèce de talisman, dont je me demande le motif, tout en profitant de ses effets. Ce chirurgien, apprenant qu'il pansait le *fameux* troubadour Adalard (pardonnez-moi cette épithète que me donnent des personnes trop indulgentes) ce chirurgien, dis je, venait passer ses heures de loisir dans ma chambre, près de moi, pour jouir, disait-il, de ma conversation. Il me priait de lui chanter mes virelais, mes romances, et, pendant que je les chantais, il écrivait, les copiait, toujours en m'accablant d'éloges.

Ainsi, pour sa commodité, il avait laissé, malgré la défense de Rémistan, du papier, des plumes, de l'encre sur une table. Le troisième jour de mon arrestation, je profitai d'un moment où il était absent, pour écrire au comte votre père le malheur qui m'était arrivé, la perte de ses papiers, et les précautions qu'il devait prendre pour se soustraire à la vengeance des ligueurs. Ma lettre finie, je ne sçus comment ni par qui je la ferais parvenir à son adresse; mais je la serrai toujours soigneusement sur moi.

» Le quatrième jour, le chirurgien, après m'avoir écouté chanter, se rappela qu'il avait oublié d'écrire à l'un de ses amis. Il fit à son tour sa lettre devant moi; mais, à peine avait-il fini d'y mettre le cachet qu'on l'appela, du pallier de l'escalier, pour un prisonnier qu'on venait de surpren-

dre

dre se coupant le col, et qu'on maintenait jusqu'à l'arrivée du chirurgien. Mon homme se lève, oublie sa lettre sur la table, et vole où on l'appelle. Pendant qu'il donne ses soins à l'autre infortuné, il dit à l'un des commissionnaires de la maison, qui était près de lui : Charlot, vas dans la chambre de l'écuyer Adalard; tu prendras, sur sa table, une lettre que j'y viens d'écrire, et tu la porteras sur-le-champ à son adresse.

» Ce Charlot, espèce d'imbécille, entre dans ma chambre, me demande où est la lettre que le chirurgien lui a ordonné de porter.... Une heureuse inspiration me fait substituer la mienne à l'autre. Charlot l'emporte et va bonnement jusqu'au château de Hautefère où il la remet entre les mains du comte Aldouin lui-même. A son retour à la prison, sa gaucherie s'explique devant moi, par le compte qu'il rend de sa commission, au chirurgien, par la surprise de celui-ci et par l'interrogatoire qu'il fait subir à ce pauvre garçon. J'explique tout alors au chirurgien qui, zélé pour moi, consent à tenir ce quiproquo secret entre nous trois; Charlot sent bien qu'il sera chassé s'il le divulgue; il garde le silence, et un Henri que je lui donne le console de sa balourdise.

» Voilà, mademoiselle, comment vous avez su, au château, le malheureux événement qui m'était arrivé. Ceux qui suivirent ce tour d'adresse et qui me concernent uniquement, ne sont pas assez intéressans pour vous en ennuyer. Il vous suffira de savoir qu'avec l'aide de mon bon chirurgien, je trouvai le moyen de m'échapper de cette prison. Depuis lors, sachant qu'on vous avait tous arrêtés, je fis en vain mille démarches secrètes pour tâcher de soulever un parti en votre faveur; mais je ne trouvai que des gens timides, quoique dévoués. Les ligueurs devenant plus forts de jour en jour, et le chef du parti contraire, le comte votre père, n'étant plus là pour remonter les courages abattus, la peur gagna tous les esprits au point que je trouvai à peine une vingtaine d'hommes assez intrépides pour me prêter leur bras, et m'aider au besoin. Vous semblez étonnée, mademoiselle; vous avez peine à croire que les partisans de Henri, si nombreux dans cette province, et tous dévoués au comte Aldouin, ainsi qu'à Roland de Mortagne, ayent hésité à se montrer dans un moment où il s'agissait de sauver la vie à votre père, à votre mère? Une seule objection va vous convaincre de leur terreur. Tous savaient que le comte Aldouin conservait soigneusement une liste de leurs noms, rangs, états et demeures. Quand on a vu le comte arrêté, on a craint que cette liste fatale, étant découverte chez lui, ne devînt entre les mains d'Antoine, une liste de proscription; tout le monde alors a tremblé et tremble encore; enfin chacun s'est caché. J'en excepte cependant votre oncle Roland, son fils Hunold et quelques braves de leurs parens qui n'ont pas cessé d'agir en secret; mais ils n'ont pu réussir à empêcher la mort de votre père, ni celle de la comtesse Isabelle. Je les ai vus; j'ai exécuté quelques ordres qu'ils m'ont donnés; je me suis même présenté à vos yeux à ceux de votre mère, sans qu'elle et vous me reconnussent. J'ai fait, en un mot, tout ce qu'il m'a été possible de faire ; mais, moi et vos parens, nous sommes, hélas! aussi avancés aujourd'hui que nous l'étions le premier jour. Votre oncle Roland, que vous verrez bientôt, mademoiselle, vous détaillera et tous nos efforts et les obstacles irrésistibles que la force, la puissance et le grand nombre de nos ennemis nous ont toujours opposés. J'ai essayé si le fanatisme même aurait quelque crédit sur les bourreaux de votre père et sur ceux qui se préparaient à frapper sa malheureuse veuve. Lors du massacre des prisons, où périt le comte Aldouin, moi et nos affidés, nous étant cachés secrètement dans les églises, nous en fîmes sonner toutes les cloches. Cachés aussi dans les clochers, nous imitâmes, par des moyens à nous connus, les sifflemens des airs déchaînés. Nous espérions imprimer par-là un grand effroi qui ferait diversion aux projets des assassins. Cela les terrifia à la vérité; mais il n'était plus temps, le comte était déjà tombé sous leurs coups! . . . Mon cœur se serre, jeune Espérie; les mots s'entrecoupent sur mes lèvres tremblantes; je ne puis qu'arriver au dernier événement qui a rendu, à vous la liberté, à votre oncle et à moi, une nièce chérie, une maîtresse vénérée.

» Comme j'étais à l'affût de tout ce qui se passait de relatif à vous, je savais que le chevalier Frédégond vous avait offert sa main, et que vous ne l'aviez acceptée que par tendresse filiale, dans l'espoir de sauver votre mère. J'en gémissais, belle Espérie! car le chevalier Frédégond est, pour le moins, aussi méchant que son oncle. Elevé à l'école de tous les vices, il les a tous. Il fait l'hypocrite devant Antoine, devant tout le monde. Il redoute, à la vérité, son oncle qui l'a toujours accablé du poids de son autorité ; mais il ne joue le même rôle dans la société que pour mieux séduire et cacher son ame aussi noire que basse et lâche. Bien différent d'Antoine qui ne connaît aucun frein, Frédégond n'attaque jamais personne en face, il n'en aurait pas le courage ; mais il lui nuira, il cherchera à le perdre dans l'ombre, et pour y parvenir, aucun crime ne lui coûtera, pourvu qu'il ne présume pas qu'on l'en puisse accuser. Il frappera l'innocent, mais toujours par le moyen de son oncle, dont il connaît la puissance et l'orgueil capables de se charger de tout l'odieux du forfait. Voilà en partie pourquoi il ménage cet oncle, qui devient son vengeur, ou plutôt son complice quand il en a besoin. Il a tout crédit sur son esprit, il l'emploie à faire le mal, qu'il n'aurait pas lui-même l'audace de commettre. Il s'est déjà marié trois fois, et ses trois femmes ont disparu l'une après l'autre, sans qu'on ait su jamais ce qu'elles étaient devenues.... Vous frémissez, jeune Espérie! Tel est pourtant l'homme odieux que vous consentiez à prendre pour époux. Encore une fois, je connais le motif sacré qui vous faisait sacrifier à ce méchant l'amour honnête, pur, délicat que vous nourrissez pour votre aimable cousin Hunold; mais combien il était grand ce sacrifice exigé par la vertu! Il vous eût coûté le bonheur et peut-être la vie! car tout prouve que ce scélérat de Frédégond sacrifie tour-à-tour chacune de ses femmes, quand il en convoite une autre. Revenons à moi.

» Je sortais, avant-hier matin, de la salle de justice du château de Haut-Castel, où je m'étais tapi, déguisé, dans un coin; j'avais entendu l'arrêt inique qui frappait de mort la comtesse Isabelle, et mon ame en était brisée de douleur, lorsque j'appris qu'avant de rendre cette sentence contre une victime condamnée d'avance, le seigneur Antoine avait donné, par écrit, à son neveu, la permission de briser vos fers, et qu'il vous mettait entièrement à la discrétion de ce misérable. La fureur s'empara de mes sens, et je formai le projet de m'emparer de cet ordre, de m'en servir pour vous, contre lui, et de me présenter à sa place aux yeux de votre geolière qui ne l'avait jamais vu, ce dont j'étais assuré. Le hasard m'en offrit la facilité.

» Le soir même, à l'instant où la victime allait être conduite au fatal billot, je m'attachai à tous les pas de Frédégond, et devins, pour ainsi dire, son ombre. Au moment du tremblement de terre qui fit soudain fuir tout le monde à mes côtés, Frédégond tomba, ne sachant ce qui arrivait. Moi, sans m'effrayer de ce bouleversement général dont je devinai sur-le-champ la cause, je profitai de son effroi, pour lui mettre un bâillon dans la bouche, et lui serrer si fortement le col, que je ne sais comment je ne l'ai pas étranglé. Je m'emparai alors de son habit, de ses papiers, et me sauvant de la pluie qui commençait à tomber par torrens, je le laissai là gissant sur la terre, déjà couverte d'eau, et en sautant vîte sur un cheval sans maître, que je rencontrai, je revins à la ville, j'y changeai de tout, je m'enfermai soigneusement, dans la maison que j'y habite, et dont le maître est de nos affidés.

» J'appris, ce matin, qu'on ne faisait que de ramener à l'hôtel de Frédégond ce méchant qu'on avait trouvé presque noyé dans la plaine où il avait passé la nuit. On ajoutait qu'il avait perdu l'usage de la parole et ne donnait presque aucun signe d'existence. Je me hâtai dès-lors de profiter de son silence en me rendant à la tour, sous l'habit et avec ce qui m'était utile, pour le moment, des papiers de ce seigneur. Je suis de son âge, de sa taille, et brun comme lui ; il n'en fallait pas davantage pour que la femme Maurille, qui mourait d'envie de le voir, s'y trompât. Tout a réussi, comme vous le voyez ; mais, si Frédégond revient de cette rude secousse, comme il y a lieu de le croire, puisqu'il n'a reçu, de ma part, aucune blessure, il parlera. On saura d'ailleurs qu'un inconnu s'est servi de sa permission, de son habit, de son nom, pour vous enlever de la tour de Cahors ; alors, on fera des recherches. Quoique j'aie des raisons pour les redouter fort peu, il est toujours important de veiller à votre sureté, et c'est en vous remettant entre les mains de votre oncle que nous aviserons aux moyens de vous empêcher de retomber dans celles de vos ennemis.... Voilà, mademoiselle de Hautefère, tout ce qu'il m'est permis de vous apprendre aujourd'hui. Le seigneur Roland, votre oncle, vous donnera tous autres détails que sa prudence jugera à propos de vous confier. En attendant, vous voilà sous ma garde, et je mourrai plutôt que de souffrir qu'il vous arrive le moindre accident. »

Ainsi parla l'intrépide Adalard, et notre Espérie, le regardant avec autant de sensibilité que d'admiration, lui dit, avec l'accent de la reconnaissance : Ami rare et fidèle! combien de périls vous avez déjà bravés pour nous, pour moi! Vous avez exposé vingt fois vos jours, et je ne conçois pas comment vous n'avez pas encore été la victime de tant de sollicitudes, de tant de travaux! — Eh! mademoiselle, je me tire de tout, moi! Mon maître Roland le sait bien. Il n'est point de tours, de cachots, dont je ne sache m'échapper. J'emploie tantôt la force, tantôt l'adresse, plus souvent la ruse, et je défie qu'on me tienne long-temps sous les verroux les plus cadenassés. Que risqué-je d'ailleurs? ma vie? elle est, depuis mon enfance, à mon maître, à votre famille qui m'a accablé de bienfaits! Elle est à Dieu, qui peut me la reprendre comme il me l'a donnée. Elle est enfin encore à ma patrie, à mon roi, pour qui j'ai juré de verser la dernière goutte de mon sang. Vous voyez que, dévouée à tant de sacrifices, ma vie ne doit être employée, toute entière, qu'à vous servir.

Espérie s'écria à son tour, comme le bon roi: Heureux les princes, heureux les maîtres qui ont de pareils serviteurs!.... Mais, dites-moi Adalard, connaissez-vous un respectable ecclésiastique qu'on nomme l'abbé Milet? — Je l'ai vu souvent; on le dit dévoué à notre cause. — Il l'est. Il est venu me voir deux fois; hier même il sortait de ma triste prison lorsque vous y êtes entré. Il m'a annoncé votre arrivée. — Comment, mon arrivée? — Je me trompe, celle de Frédégond, dont, dit-il, il est le confident, mais seulement pour savoir de lui les dangers qui pourraient nous menacer. — L'abbé Milet, d'après les renseignemens qu'on m'a donnés sur lui, est un de ces royalistes timides comme il s'en trouve dans toutes les révolutions, qui n'osent se prononcer pour la cause qu'ils préfèrent, et qui ménagent tous les partis dans le dessein de n'être soupçonnés par aucun. Il aime le roi, il flatte Mayenne, ou du moins ses lieutenans, tels qu'Antoine. Il voudroit que les royalistes l'emportassent, il ne fait rien pour les y aider. Il voit enfin Antoine, Frédégond, les autres chefs, et, avec eux, il est de leur avis. Il fut d'ailleurs le précepteur du méchant seigneur de Haut-Castel. — Il me l'a dit; mais il en rougit. — Je le pense; car ôtez-lui sa pusillanimité, l'abbé Milet est un homme d'honneur, incapable de nuire, plus disposé à obliger, et je lui crois une belle ame aussi bien qu'un cœur droit, sensible et généreux. Mais, belle Espérie, ce n'est pas là néanmoins de ces amis chauds, actifs, entreprenans?.... — Comme vous, par exemple. — Eh! j'honore Dieu! je veux qu'on agisse, moi! A quoi servent les gens qui se contentent de vous plaindre? Qu'ils vous servent donc! Vous avez plus besoin de leurs actions que de leurs consolations.... Du reste, mademoiselle, ne prenez pas cela en mauvaise part pour l'abbé Milet. Je vous répète que je partage l'estime générale qu'il s'est acquise par des vertus, un bon cœur et une exacte probité. S'il est le confident de Frédégond, il n'en abusera

pas

pas pour nuire à l'innocence; il la préviendra plutôt des coups qu'on veut lui porter, et tâchera, par ses sages conseils, d'empêcher le persécuteur d'accroître la somme de ses torts. Oh! voilà bien le caractère de l'abbé Milet; mais il lui fait jouer dans tout cela un rôle que je me garderais bien d'accepter.... Cependant, mademoiselle, le temps vole; il faudrait songer à partir. — Encore un mot, bon Adalard? — Parlez, mademoiselle.

Espérie hésite, tremble; on voit qu'elle n'ose pas aborder la grande question qu'elle voudrait faire à l'écuyer. Elle se raffermit cependant, et lui dit. Adalard, vous ne.... vous ne me parlez pas de mon oncle, ni de son fils Hunold? Où est, que fait mon oncle? — Le vaillant Roland de Mortagne est maintenant, mademoiselle, chez votre aïeul, le comte Geoffroy de Rançon, dans son château de Roquamadour.—Et... et mon cousin Hunold? — Hunold est en Béarn, où il est allé remplir un devoir bien sacré!.... — Le... reverrai-je? — Oui, oui, belle Espérie; vous le reverrez; mais je ne puis vous dire le jour, ni l'époque... Cela dépendra d'une circonstance... Allons toujours trouver votre oncle. Il a bien besoin de votre aimable société, de vos soins assidus, votre cher oncle; car, depuis la mort de son frère chéri, de votre père, son ame est absorbée dans un chagrin qu'a encore augmenté l'événement tragique, qui, depuis deux jours, vous a privée d'une mère. Il est sombre, taciturne, et ne connaît plus, de la vie, que les soupirs et les regrets... Servez-lui de fille, d'enfant tendre et respectueux, dorénavant, jeune et vertueuse Espérie? Vous retrouverez en lui toute l'affection d'un père; soyez sa fille, sa compagne assidue. Vous seule, je le prévois, pouvez adoucir l'armertume que des pertes si cruelles ont jetée sur ses tristes jours. Me le promettez-vous? — Je vous le jure. — Il ignore qu'il va jouir du bonheur de vous revoir. — Quoi? — Vous concevez qu'il ne peut pas savoir tout ce que j'ai fait depuis avant-hier soir. Ai-je eu le temps et la facilité de l'en instruire? Ainsi il ne se doute pas que je lui ramène sa nièce, sa nièce chérie, qu'il n'a pas vue depuis près de cinq années. Comme il va jouir des changemens que l'âge et la beauté ont opérés en vous! des qualités de votre ame, surtout, Espérie, et de la solidité de votre esprit. Il va admirer dans sa nièce toutes les qualités d'une personne faite, et son attachement pour vous en doublera. Espérons, mademoiselle?....

Adalard fut interrompu par l'arrivée de la bonne Bertille, qui apporta le déjeûner, en demandant à Espérie qu'elle voulût bien recevoir la visite de son mari Guillaume, de Bastiano et de Virgina, qui desiraient lui présenter leurs respects. Ces trois personnes eurent soudain la permission d'entrer, et elles contemplèrent, avec une vénération vraiment religieuse, les traits de la fille du comte Aldouin, dont les malheurs avaient généralement excité la sensibilité publique.

On s'entretint du bonheur qu'allaient goûter les deux jeunes gens fiancés de la veille, et Bastiano dit à ce sujet : Ah! ce bonheur là, j'en jouirai, sans doute; mais pas longtemps. — Comment, s'écria Virgina, pas long-temps? Eh ben! qu'est-ce que tu veux dire? — Ma chère Virgina, je t'aimais bien comme ton frère d'adoption, puis comme ton prétendu ; je t'aimerai pour le moins autant quand tu seras ma femme; mais, en outre du devoir conjugal que je remplirai de mon mieux, il m'en est prescrit un autre non moins sérieux, non moins sacré, et qui souffre du moindre retardement. — Je t'entends et ne puis te blâmer. Une fois à moi, tu reviendras à ton roi; c'est ben naturel, et je me ferai une raison, je te le promets. Pourtant, quand il sera tout à fait sur le trône de France, ce qui ne peut pas tarder, tu reviendras? — Ah! oui; quand Paris aura enfin ouvert ses portes au grand Henri, je reviendrai pour tout à fait. Il ne sera plus en danger, ce bon roi; il n'aura plus d'ennemis, partant plus besoin de moi. Mais pour le présent.... Ce n'est pas que je retournerai de suite à l'armée ; j'ai six mois pour rester auprès de ma femme, j'en profiterai ; cependant j'irai voir notre curé ; je lui expliquerai comment on m'a donné ce joyau de l'ordre de la Coquille, et je lui demanderai l'usage que j'en dois faire.... Je pense, sans cela, sir écuyer, est-ce que vous ne pourriez pas me le dire, vous qui le savez, puisque vous en êtes aussi?

Adalard lui répond : Il faut, brave Bastiano, suivre en tout d'abord l'ordre qui vous a été donné par le seigneur à qui vous devez ce cadeau. Voyez votre bon curé, et suivez de point en point les avis qu'il vous donnera. Tels sont les statuts de l'Hermitage Saint-Jacques, pour que nous ne tenions nos nouveaux élus que de gens sûrs, qui aient bien étudié leur vocation avant de nous les adresser. Cependant, jeune homme, mariez-vous à votre aise; jouissez de la félicilité, partage de deux époux qui se sont épousés par amour plus que par calcul. Profitez, pour prendre du repos, de toute la latitude que vous offre votre congé, et ne le perdez jamais. Un éloge de Henri et des caractères tracés par lui, honorent celui qui les reçoit et qui doit toujours les porter sur son cœur. — Si jamais ces caractères si précieux reçoivent l'atteinte d'un plomb meurtrier, sir écuyer, c'est que ce cœur, qui va les recevoir, aura été percé d'outre en outre. — Bien cela, bien jeune homme! Que cette flamme ne vous quitte jamais non plus. Elle vous rappellera le serment sacré que vous aurez fait à l'Hermitage Saint-Jacques : Dieu,

LE ROI ET LA PATRIE! Adieu, brave Bastiano! adieu, famille franche et loyale! Puissions-nous ne rencontrer dans nos voyages que des gens aussi vertueux, aussi hospitaliers que vous l'êtes!.... Peut-être un jour nous reverrons-nous; mais, en attendant, je saurai de vos nouvelles; j'ai un moyen pour en avoir sans que vous vous en doutiez. Adieu, bonnes, excellentes gens!

Ces estimables paysans se confondirent en salutions, et notre Espérie, ayant embrassé la jeune et naïve Virgina, lui fit présent de la plaque d'or qu'elle portait au cou, et sur laquelle était gravée l'image béarnaise de la *Notre-Dame du bout du Pont.*

On se sépara. Espérie reprit sa litière; Adalard et son valet Fabio recommencèrent à voyager à cheval à ses côtés.

Le

Le temps, qui ne s'était pas remis depuis la journée du tremblement de terre, était encore orageux ; il faisait une chaleur extrême, ce qui engagea notre petite caravane à aller presque au pas. Mais, cette fois, on avait découvert la litière d'Espérie, et elle pouvait converser en route avec son fidèle conducteur. Quand ils eurent fait les cinq lieues qu'il y avait du village de Surville à St.-Céré, et qu'ils aperçurent les édifices de cette petite ville, le bruit des cloches appelant, en ce moment, les fidèles au service divin, Espérie témoigna le desir qu'elle avait d'entendre la messe pour remercier Dieu de son heureuse délivrance; elle ajouta cependant : mais, Adalard, si mon vœu n'est pas dangereux, il peut être au moins indiscret. Si vous ou moi, nous étions reconnus dans cette église ! qui sait ! on a sûrement envoyé à notre poursuite ? Si les sbirres d'Antoine nous atteignaient en route, dans cette ville ! . . . . . . Oh ! mon Dieu ! j'en frémis ; je serais cause de votre perte !

Adalard lui répondit en souriant : Jeune comtesse de Hautefère, je vous pressais, hier matin, de sortir le plus vîte possible de Cahors, parce que là il était plus facile à nos ennemis, s'ils nous y eussent découverts sur-le-champ, de vous réintégrer dans votre prison et de m'y plonger auprès de vous. A quelle justice aurais-je eu recours ? Elle est rendue par Antoine lui-même ; il y est juge et partie !... Mais ici, que nous sommes très-éloignés de Cahors, c'est différent. Je ne crains personne. Un seul mot, si je le prononçais, ferait trembler jusqu'à Antoine. Nous ne risquons plus rien, mademoiselle. Si l'on nous poursuit, si l'on nous atteint, d'un seul mot, comme je vous l'ai dit, je ferai tomber les chaînes des mains de ceux qui voudraient nous en charger de nouveau. —Vous m'étonnez! — Vous le verrez! — Il n'y a donc alors point d'inconvénient à ce que nous nous montrions dans l'église de Saint-Céré? — Pas le moindre. D'ailleurs cette petite ville, ou plutôt ce bourg, et presqu'entièrement royaliste dans l'ame. Nous y aurions bien vîte des secours, si nous en avions besoin. — Oh! chers auteurs de mes jours, je vais donc prier pour vous!

Descendus de la litière et des chevaux, nos voyageurs entrent dans l'église où il y avait une très-grande foule. Une bonne dévote, qui voit l'embarras qu'éprouve notre héroïne pour se placer, lui offre une des deux chaises dont elle se servait, et lui dit : « Mademoiselle est étrangère, et sans doute étonnée de l'affluence qu'il y a dans ce temple du Seigneur ! c'est que ce n'est pas tous les jours grande fête comme aujourd'hui, pour la ville, pour l'église, pour tout le monde. C'est la fête de sainte Espérie. —De sainte Espérie? —Oui. Mademoiselle ne connaît peut-être pas l'histoire de cette sainte? Espérie, fille d'un grand de la ville (c'était dans le cinquième siècle), Espérie, ayant fait vœu de garder sa virginité, refusa constamment d'épouser un seigneur que ses parens lui proposaient pour terminer des querelles de famille. Le mari proposé, furieux de la constance de ses refus, coupa, sans autre façon, la tête à cette vierge. Comme fit saint Denis, elle se leva, prit sa tête coupée entre ses mains, et, dans cet état, se mit à poursuivre son bourreau qui, épouvanté du prodige, prit la fuite et abandonna le pays. Les reliques de cette vierge, portées au lieu de saint Céré, attirèrent beaucoup de fidèles qui s'y fixèrent, et commencèrent à bâtir cette petite ville (1) ».

Un particulier, voisin de la chaise de la dévote, et qui paraissait être un notable du pays, lui dit : madame, vous faites-là, à cette demoiselle, un conte de bonne femme. Sans doute, il y a du vrai dans ce que vous dites ; mais le fanatisme a gâté cette histoire, que j'ai lue, moi, tout autrement

(1) Avant la révolution de 1789, on honorait encore, à Saint-Céré, ces reliques de sainte Espérie.

dans les vieilles chroniques du temps. Il est de fait que la jeune vierge refusa d'épouser le seigneur en question ; que dans son humeur, il tira, un beau jour son cimeterre pour lui abattre la tête ; mais, ayant commencé à lui couper le cou, les cris de la victime et ses propres remords effrayèrent l'assassin ; il s'arrêta tout tremblant ; puis il se mit à fuir. La jeune personne le poursuivit, et il disparut; mais elle ne tenait point sa tête dans ses mains, comme vous le dites ; quelques nerfs du col étaient seuls coupés. Cependant elle en mourut, et l'église la canonisa : voilà la vérité.

Notre Espérie ne répondit rien à ces deux interlocuteurs ; elle se contenta, puisqu'elle se trouvait dans une église consacrée à sa Patronne, et le jour même de sa fète, de supplier mentalement cette Patronne secourable, d'attirer la miséricorde divine sur les ames des deux êtres si chers auxquels elle devait l'existence.

Pendant qu'elle faisait à sainte Espérie cette touchante prière, Adalard regardait le particulier qui venait de parler, et le reconnaissait pour l'avoir vu quelque part, sans pouvoir dire en quel endroit. L'autre examinait aussi Adalard avec la même attention, et semblait se faire sur lui la même enquête. Il sortit bientôt, avant nos voyageurs, et paraissant plongé dans de profondes réflexions.

Adalard abandonna la recherche qu'il faisait de cet homme, qu'il ne put rappeller à sa mémoire, et, la messe terminée, il reprit la main de notre Espérie pour la reconduire à sa voiture. Tous deux, accompagnés de Fabio, sortirent à l'instant de la ville, et prirent le chemin qui conduisait à Roquamadour, où ils espéraient se rendre le même soir, n'ayant plus que sept lieues à faire.... Mais il était écrit qu'ils n'y arriveraient pas ce jour là.

A peine étaient-ils à deux lieues de saint Céré qu'il survint un orage violent et une pluie des plus abondantes. Dans ces routes, qui n'étaient alors nullement entretenues, les torrens se formaient facilement et ravinaient bientôt d'une manière effrayante. Nos voyageurs, alarmés, étaient heureusement à deux pas de la *Cave Gouttière*, ainsi qu'on l'appelle dans le pays. C'est une grotte dont la voûte naturelle suinte, goutte à goutte, une eau qui se congèle et forme des stalactites superbes ; plusieurs particuliers du pays avaient chez eux de très-belles tables fabriquées de cette matière, et la Reine Marie de Médicis en fit enlever plusieurs morceaux pour orner son palais du Luxembourg. Adalard proposa à Espérie d'entrer dans cette grotte, en lui expliquant le singulier phénomène qu'elle offrait. Fabio les détourna de ce projet en leur objectant, dans sa manière simple, qu'être mouillé par de l'eau qui suinte d'une voûte, ou par de l'eau qui tombe du ciel, c'est toujours être mouillé.

Ils préférèrent chercher un asile dans une des *Cavernes Waiffiers*, qui sont si communes dans la Guyenne, et dont une s'offrait à leurs regards. Cette caverne présentait un rocher escarpé, coupé à pic, de trois côtés, et dont le quatrième côté avait été autrefois fermé d'une muraille. dont il n'existait plus que quelques pans qui n'empêchaient pas d'en rendre l'entrée accessible.

Pepin, dans les guerres qu'il eut contre Waiffre, duc d'Aquitaine, fit ravager les provinces du Quercy. Les habitans, pour éviter le fer des meurtriers, se réfugièrent dans ces cavernes escarpées; mais les soldats de Pepin découvrirent bientôt leur retraite, et vinrent les y massacrer. La mémoire de ce cruel événement s'est conservée, et les cavernes, teintes du sang de ces malheureux, ont reçu le nom de *Waiffiers*, de celui de Waiffre, leur légitime souverain.

Nos voyageurs entrèrent donc dans une d'elles, et n'y furent pas plutôt qu'ils virent accourir vers eux un particulier, à cheval, dont la vue inspira d'abord quelque crainte à la timide Espérie. Cet inconnu, qui entra aussi dans la caverne, n'était autre qu'un voyageur comme les nôtres, qui cherchait également un abri contre la pluie et la foudre. Quoiqu'il fît assez obscur dans ce lieu, Espérie jeta un cri de joie en reconnaissant, dans cet étranger, Landry, ce bon Landry qui, conjointement avec le valet-de-chambre Giron, avait servi son père, sa mère et elle-même dès leur entrée dans la tour de Cahors. Quoi, dit notre héroïne, quoi, Landry, c'est vous ? — Puis-je en croire mes yeux ! s'écria Landry à son tour, mademoiselle de Hautefère, libre ! ici ! et sous la conduite du brave sir Adalard ? — Landry, vous voyez en lui mon libérateur. — Je savais bien qu'il épiait, à Cahors, le moment de vous arracher de votre funeste prison ; mais j'ignorais qu'il y eût réussi. Par quel moyen, grand Dieu ! ce miracle s'est-il opéré ?

Adalard, lui répond : Vous le saurez, Landry ; on vous expliquera cela ; mais vous, comment vous trouvez-vous ici? — Je reviens du Béarn, vous le savez, sir Adalard. — Je l'ignorais ; mais je me doute du motif... — C'était pour.... — Paix! Landry? Roland de Mortagne a seul le droit d'expliquer à la jeune comtesse l'objet de votre importante mission. Jusque-là, pas un mot? vous m'entendez? — Et je vous obéirai, seigneur écuyer. Mais vous me demandiez comment je me trouve ici? c'est tout simple. Je reviens du Béarn ; il fallait que je prisse cette route pour retourner à Roquamadour ; l'orage m'y a surpris ; je cherchais partout un abri ; celui-ci s'est présenté ; j'y suis entré comme vous, et voilà tout. Des gens qui vont au même endroit, qui prennent le même chemin, peuvent bien s'y rencontrer, n'est-il pas vrai? car je présume que vous conduisez cette jeune dame à son oncle, le très-bon et très-vaillant seigneur Roland de Mortagne? — Vous ne vous trompez pas, Landry, et nous ferons ensemble le reste de ce voyage; vous accompagnerez avec moi cette jeune maîtresse que nous chérissons également. Mais l'orage redouble. Pourvu qu'il nous permette de sortir d'ici avant la nuit! —Ce serait en effet un triste gîte pour mademoiselle de Hautefère, d'ici à demain matin!

Espérie reprit la parole : Pendant, dit-elle à Landry, que le mauvais temps nous retient enfermés dans cette caverne, sombre et conforme aux tristes pensées de mon esprit, expliquez-moi, Landry, ce que vous êtes devenu depuis le jour fatal qui me ravit mon père, assassiné sous mes yeux par une troupe de furieux! par quel bonheur ne fûtes-vous pas aussi leur victime, et comment nous avez-vous fuies sans nous donner de vos nouvelles? — Madame, je vais satisfaire à vos questions. Il n'est qu'un seul point sur lequel je ne pourrai pas m'expliquer. Vous venez d'entendre la défense que le sir écuyer m'en a faite; elle est sacrée pour moi.

Landry donna à sa jeune maîtresse les détails qui suivent :

« Dès le matin du jour fatal que vous rappelez à mon souvenir, Giron et moi nous en eûmes un noir pressentiment. Les trois guichetiers qui, la veille au soir, en nous enfermant, avaient, suivant leur usage, frappé d'un marteau les grilles de notre fenêtre, pour voir si nous n'en avions pas scié les barreaux, avaient chuchotté tout bas, et l'un d'eux avait même dit assez haut : Ah ! demain, nous ne prendrons plus cette peine là ; d'autres nous l'épargneront !

» Le matin donc du massacre, Giron et moi qui couchions dans la même petite chambre tout au haut de la tour, nous attendîmes en vain qu'on vînt nous ouvrir, comme on le faisait tous les jours, à nous et aux autres prisonniers. Nous entendîmes bien les porte-clefs, qui allaient, venaient, faisaient remuer leurs trousseaux, et sans doute ouvraient à d'autres ; mais aucun ne venait à nous !... Un cri qui, de l'escalier, vint frapper notre oreille, nous éclaira tout à coup. Il venait d'un prisonnier qui criait à son voisin enfermé comme lui : *Les scélérats ! ils veulent nous laisser égorger aujourd'hui par le peuple ! on m'a prévenu de ce forfait !*

» Nous tremblâmes soudain, et nous sentîmes que, si l'on ne nous comprenait pas dans le massacre général, on voulait au moins nous empêcher de voler au secours de nos infortunés maîtres, qui, sans doute, devaient être les premières victimes. Giron pâlissait, était prêt à perdre connaissance. Camarade, lui dis-je, si l'on nous attaque, eh! vive Marie! vendons cher notre vie!

» Le bruit des assassins, que nous entendîmes bientôt, nous convainquit de l'horrible expédition qui se faisait dans toute la tour. Et nous ne pouvions que gémir... Bientôt notre porte s'ouvre, et nous voyons paraître l'affreux Maurille, qui nous dit : Descendez ; on veut vous parler là-bas!

» J'avais, à tout hasard et par précaution, brisé un de nos lits de sangle ; Giron et moi, nous en tenions dans

dans nos mains les barres de bois. Giron en assène, sur la tête de ce méchant, un coup violent; mais Maurille, qui portait un sabre nu, fond soudain sur lui, et le perce de coups mortels avant que j'aie pu le défendre! La rage s'empare de mes sens, j'arrache des mains du geolier le sabre encore fumant du sang de mon ami, et je lui sépare en deux sa tête d'enfer!... A l'instant toutes les cloches sonnent; un phénomène extraordinaire terrifie les assassins; ils fuient, et moi je les suis, ne sachant ce que je fais, ni où je vais. Je trouvai, après eux, toutes les portes ouvertes; plus de guichetiers, plus de soldats, plus de sentinelles, personne; tout avait disparu. Les cris de ces forcénés m'avaient appris d'abord que le comte Aldouin était tombé sous leurs coups; je fus tenté d'entrer chez vous, mademoiselle, de porter des secours à votre mère, à vous.... Mais, sentant que, moi qui avais tué le concierge, je pourrais m'exposer inutilement pour vous, je passai outre, et je me sauvai dans la rue, parmi les ligueurs, qui sans doute me prirent pour un des leurs; car ils protégèrent ma fuite. Je me tins quelques heures caché dans Cahors; puis, persuadé que je ne pouvais plus vous être d'aucune utilité, je courus en Béarn apprendre à votre oncle Roland, la perte que vous et lui vous veniez de faire. Il me prit alors à son service et m'occupa à différentes courses, entreprises pour votre cause, à vous, ainsi qu'à la comtesse votre mère; mais ces courses n'amenèrent aucun heureux résultat; rien ne put empêcher le nouveau crime, commis il y a deux jours sur la personne de l'infortunée comtesse Aldouin. Ces ligueurs sont tellement en force dans ce maudit pays!... Ainsi, mademoiselle, ainsi a péri ce pauvre Giron, qui vous était attaché autant que moi. Il est mort sous mes yeux; mais je l'ai vengé à l'instant même; ce misérable Maurille est à son tour tombé sous mes coups. Je ne sais si vous avez appris cela? »

Espérie répondit : On m'a bien dit, ce jour là, que le concierge venait d'être tué; mais j'ignorais par qui. Je vous croyais même tous les deux, Giron et vous, au rang des morts, et j'ai donné des larmes à ces deux fidèles serviteurs. L'un n'est plus! il aura certainement une part dans mes regrets; mais l'autre existe; je le vois, et je demanderai à mon oncle qu'il veuille bien me le rendre. Oui, Landry, je vous attache à mon service, pendant tout le temps que nous existerons l'un et l'autre. Le serviteur du père trouvera, dans la fille, la même affection, et un sentiment de plus de reconnaissance pour le fidèle attachement qu'il a constamment voué à sa famille.

Landry, pénétré du ton avec lequel Espérie avait prononcé ces mots si obligeans, saisit un pan de sa robe et la baisa en versant des larmes de sensibilité. Adalard, souriant de la joie que lui faisait éprouver cette scène, dit à l'excellente fille du comte Aldouin : Vous le voyez ! avec des cœurs comme ceux-là, mademoiselle, on est bien dédommagé de l'ingratitude de quelques autres ! — Oh ! mon ami, répondit Espérie, mon digne ami ! de quels appuis je suis maintenant entourée ! — Vous n'en avez qu'un solide, puissant, sur lequel vous devez seul compter. C'est votre oncle, le baron de Mortagne, homme sage, prudent, ferme, plein d'ame, d'énergie, de magnanimité, instruit plus qu'un troubadour, poëte lui-même, ayant en un mot toutes les qualités du cœur, tous les dons de l'ame, tous les talens de l'esprit. C'est lui qui va guider votre jeunesse et assurer le bonheur de vos jours, que vous allez lui consacrer. Si nous vous sommes dévoués, jeune Espérie, c'est que, tous, nous chérissons cet excellent seigneur, et tout l'amour que nous lui portons reflète sur vous, sur vous, intéressante orpheline, privée dorénavant des soins d'un père et d'une mère tendre! — Ai-je besoin, Adalard, de tant de recommandations pour aimer de toutes les forces de mon ame, un oncle, dont je connais le mérite, l'affection pour moi, et qui devient, grace à mes malheurs, mon seul père, mon unique guide sur cette terre de souffrances! Il peut compter sur mon entier dévouement à sa personne, et je ne brûle que du desir de trouver les occasions de le lui prouver!

Ainsi parla la jeune Espérie, et pendant le temps que dura cette touchante conversation entre une bonne maîtresse et deux zélés serviteurs, l'orage se dissipa; mais il faisait presque nuit. Il y avait trop de chemin à faire pour espérer d'aller jusqu'à Roquamadour; les routes, d'ailleurs, étaient devenues impraticables; que devenir! c'était sortir d'un embarras pour tomber dans un autre!.... Landry ouvrit un avis: il y a, dit il, à une petite lieue d'ici, une auberge que je connais sur la route. Il est vrai qu'elle est isolée, attendu qu'il n'y en a pas d'autre qu'elle ; mais j'y suis entré une fois ; les maîtres m'ont paru de bonnes gens, quoique je ne me sois pas informé de quel parti ils étaient ; cela ne me regardait pas alors. Voulez-vous, sir écuyer, que nous y conduisions mademoiselle? — Que nous importe leur opinion, répond Adalard? Nous n'allons là que pour passer une nuit ; nous n'avons pas besoin de causer avec eux. Il est impossible, n'est-ce pas, de laisser là mademoiselle de Hautefère? Dans une caverne! toute la nuit! eh puis! ces campagnes, qui sait qui peut y rôder!... Allons, Landry, partons et conduis-nous à ton auberge? En n'y faisant point d'imprudence, que peut-il nous y arriver? D'ailleurs, nous sommes nombreux et courageux ; marchons.

Notre petite caravane quitte la caverne Waiffier, et continue sa route, quoique avec beaucoup de difficultés, vu que les chemins sont très-mauvais. Elle aperçoit de loin une lumière. Landry dit : la voilà, c'est l'auberge du *Cheval Blanc.* On n'y est pas encore couché. Nous arrivons, mademoiselle, prenez courage, nous arrivons.

Ils s'arrêtent en effet à la porte de l'auberge, et Landry, comme s'il était fier d'en connaître un peu les hôtes, entre le premier, en disant : Y a-t-il des chambres ici, pour quatre personnes?

Sur l'affirmation de l'hôte, un jeune homme qui était à côté de ce dernier, dit à Landry : N'est-ce pas une jeune dame, avec deux cavaliers? — Avec trois maintenant; j'en suis un. — Mon père, qui les a rencontrés,

contrés, ce matin, dans l'église de Saint-Céré, les a bien plaints, quand il a vu l'orage dont ils ont été assaillis. Où se sont-ils donc réfugiés, pendant ces torrens de pluie qui nous menaçaient d'un second tremblement de terre comme l'autre fois? — Ils se sont réfugiés... où ils ont pu. Quelle diable de question?

Landry quitte le questionneur que, sans savoir pourquoi, il trouve fort indiscret, et fait entrer ses compagnons de voyage, en les assurant qu'ils seront logés. Le jeune questionneur les examine avec la plus grande attention. Puis il dit : Ah! messieurs, quel mauvais temps, quels affreux chemins! — Vous avez bien raison, répond Adalard; nous sommes couverts de boue, quoique nous fussions à cheval. — Cette jeune demoiselle a dû beaucoup souffrir? —

Mais.... un peu. — Avec cela, vous veniez de loin peut-être, messieurs !

Landry, qui n'est pas content de l'indiscret, le pousse légèrement, en lui disant : Allons, c'est bon ; mademoiselle a autre chose à faire que de vous répondre ; elle a besoin de repos. M. l'hôte, faites-nous souper ?

On fait entrer nos trois voyageurs (Fabio s'occupe des chevaux) dans une salle à manger qui n'est séparée de la cuisine que par des vîtrages recouverts d'un petit rideau blanc. Pendant qu'ils causent de choses indifférentes, et qu'on met leur couvert, Landry, qui a un pressentiment, examine ce qui se passe dans la cuisine et aux environs. Il voit son questionneur aborder un homme d'âge avec lequel il cause tout bas. Il vient faire remarquer ces deux individus à Adalard qui, dans le plus âgé, reconnaît le particulier qui l'examinait tant dans l'église de Saint-Céré. Il l'examine à son tour, et cherche encore à se rappeler où il l'a vu ; car il ne lui est pas inconnu.

Bientôt un troisième étranger se joint à ces deux-là, et l'hôte lui-même vient causer avec eux, très bas ; tous quatre s'entretiennent ainsi, en véritables conspirateurs, et l'on voit qu'ils regardent furtivement, de temps en temps, nos voyageurs, comme s'ils étaient le sujet de leur conversation.

Pour le coup, Landry s'approche de l'oreille d'Adalard et lui dit à voix basse aussi : ces gens m'ont l'air suspect, sir écuyer ! —Ce sont peut-être des ligueurs qui cherchent à deviner notre opinion ? —Je crois plutôt que ce sont des hommes envoyés à votre recherche par le seigneur de Haut-

Castel. —Sur quoi fonde-tu ce soupçon ? —Ecoutez donc ; vous avez enlevé Espérie de sa prison ; je ne sais par quel moyen ; mais enfin vous l'avez enlevée. Il l'aura sçu, il vous aura fait poursuivre. Croyez-vous qu'il vous laissera tranquillement conduire à son oncle une semblable prisonnière ? —Il le fera, Landry. Il nous laissera, *tranquillement*, comme tu dis, retourner à Roquamadour. — Vous croyez cela, sir écuyer ? —J'en suis sûr, mon cher Landry. —Votre sécurité.... —Est fondée, s'il faut te le dire, sur ce qu'à mon tour, je tiens son sort entre mes mains. —Vous tenez.... —Le méchant Antoine ; et si je veux, je puis le perdre. — Le....? —Eh oui, le perdre, dans toute l'étendue du terme. —Je ne comprends pas. Comment ! cet Antoine, si fier, si vindicatif, si puissant !...

—Je puis, te dis-je, abattre d'un seul mot toute sa puissance. — Veuillez donc m'expliquer? .... —Retirons-nous dans ce coin, où nous pourrons causer sans être vus, et mettons Espérie dans notre confidence. —J'en ai bon besoin pour ne plus redouter ces gens qui causent là bas, qui nous épient, et qui paraissent avoir de très-mauvais desseins.

Adalard prend la main d'Espérie, la mène avec Landry, dans une espèce de petit cabinet, et leur dit : Vous tremblez, mademoiselle de Hautefère? —Oui, bon Adalard; ces gens, qui nous examinent là bas, m'inquiétent. L'un d'eux nous a considerés ce matin de la même manière. Si c'était des sbirres d'Antoine, pour nous arrêter., pour nous.... —Quand ils en seraient, je ne les craindrais pas. Apprenez, belle Espérie, que, dans le nombre des papiers que j'ai saisis sur Frédégond, au moment du tremblement de terre, j'en ai trouvé qui donnent toutes les preuves d'une conspiration, ourdie par Antoine, son neveu et d'autres ligueurs, contre le duc de Mayenne lui-même. —Contre le duc de Mayenne? —Contre ce *Lieutenant-général* du royaume, ce chef de la ligue. —Antoine alors prend donc le parti du Roi? —Au contraire, Antoine prend bien son propre parti; c'est-à-dire qu'il veut faire tomber Mayenne et prendre sa place. Il veut devenir Lieutenant-général, chef de la ligue, et pour y parvenir, il ne complotte pas moins que de faire assassiner ce dernier des Guises, et se faire proclamer son successeur. —Eh! mais, il y a de quoi le perdre. —Ne vous le disais-je pas? j'ai tous ces papiers, si précieux, dans ce porte-feuille, le même que portait Frédégond et que je lui ai pris, dans l'unique intention de m'emparer de l'ordre de votre sortie dont je savais qu'il était le détenteur. Voilà l'heureuse découverte que le hasard m'a procurée et dont je ne veux pas tirer parti, avant de l'avoir communiquée au baron Roland de Mortagne et d'avoir pris son avis. Cependant, mademoiselle, si l'on s'avisait de vouloir nous arrêter, je demanderais à communiquer un secret au premier magistrat de l'endroit dans lequel je me trouverais. Que ce magistrat soit ou non de la ligue, s'il était franc dans son parti, il ne pourrait que nous protéger et nous aider à démasquer un traître. Un protestant saisirait bien vîte ce moyen de faire tomber Antoine; un ligueur serait encore bien plus furieux de voir qu'un chef d'une si haute importance ait trahi son maître et son parti. Dans tous les cas, il n'y a pas de magistrat qui ne nous prête aide et secours contre lui. Mais nous n'aurons pas besoin de recourir à ce grand moyen. Que Frédégond ait succombé ou non à l'attaque que je lui ai portée, Antoine apprendra qu'on lui a pris ces importans papiers. Qu'il ne découvre pas celui qui a fait ce larcin si dangereux pour lui, il saura qu'un étranger est venu vous délivrer avec l'ordre donné par lui à son neveu. Dès lors, il tremblera. Il tremble maintenant, soyez-en sûre, et il se garde bien de faire courir après nous, dans la crainte que nous mettions au grand jour ses crimes et sa perfidie. Il renoncera désormais à vous persécuter, mademoiselle, et bien loin de penser à vous faire chercher, il voudrait vous voir hors du royaume, à mille lieues de la France. Ne craignez donc rien de ces hommes qui ne sont rien moins que des indiscrets, ou des gens qui, comme nous, parlent tout bas de leurs affaires.

Landry secoue la tête, en signe de doute, et répond : la belle ame du sir écuyer le fait s'aveugler sur ce dont sont capables des méchans tels qu'Antoine. Bien loin de les décourager, les obstacles les irritent ; s'ils craignent qu'on les perde, s'ils savent qu'on en a les moyens, ils n'en deviennent que plus furieux. Antoine n'aura, certes, pas raisonné comme vous le faites raisonner. Il se sera dit : oui-dà, mes complots sont découverts, et par mes propres ennemis ? Il me faut poursuivre ces ennemis jusqu'au trépas. Je les ferai arrêter par des gens affidés à moi, qui n'écouteront point leurs accusations, ni leur demande d'être conduits chez tel ou tel magistrat. On les coffrera avant tout; puis on les fouillera et l'on me rapportera ces précieux renseignemens, avant qu'ils ayent pu en faire usage contre moi..... Sir écuyer, je ne suis qu'un valet, bien sot, bien pauvre d'esprit en comparaison d'un célèbre troubadour tel que vous; mais je gagerais que c'est là ce que s'est dit Antoine et ce qu'il fera. Bah! il est bien homme à s'effrayer, à abandonner la partie!

Espérie trouva que Landry raisonnait avec beaucoup de bon sens; et, comme l'esprit humain est toujours plus enclin à s'effrayer qu'à se rassurer, elle partagea toutes les craintes de Landry. Pour Adalard, il resta ferme dans son opinion, et protesta de nouveau, que l'on n'avait rien à craindre des poursuites d'Antoine, trop abattu sans doute de s'être vu enlever les preuves de sa trahison. Quoi qu'il en soit, ajouta-t-il, je tiens le porte-feuille ; il est là, dans mon sein, on ne l'aura qu'avec ma vie !

Il prononça apparemment ces derniers mots avec plus de chaleur ; car on entendit répéter, dans l'autre chambre, à demi-voix : *qu'avec sa vie !*

Eh bien ! dit tout bas Landry à Adalard, entendez-vous ? — Eh bien ! répondit de même Adalard, si ce sont des satellites d'Antoine, attendons-les de pied ferme. Il y en a un que je connais, sans pouvoir dire qui il est. — Cessons de parler bas, sir écuyer, et mêlons-nous avec eux, pour les faire jaser à notre tour. — Fais ce que tu voudras ; mais apprête-toi à me bien seconder ? — Oh ! je n'ai pas peur ; je ne vous abandonnerai en aucune occasion.

Landry rentre dans la cuisine où sont les étrangers. Il remarque que l'hôte est tout seul, sans femme, ni servante. Eh bien! lui dit Landry, est-ce que vous n'avez personne, papa l'hôte, qui vous aide à faire notre souper? — Qu'est-ce que cela vous fait, lui répond brusquement l'hôte, pourvu que vous soupiez? — Mais votre femme, que j'ai vue, il y a un mois?.... — Elle est sortie. — Votre servante devrait au moins... —Je n'ai pas de servante. — Pas un aide, un marmiton, rien? — Vous êtes bien curieux! si on l'était autant à votre égard, on apprendrait de jolies choses. — Qu'est-ce qu'on apprendrait, malhonnête?

Le plus âgé des quatre inconnus s'approche alors, et dit en souriant: Comment donc, on se querelle ici? cela n'est pas bien. Allons, la paix!

Landry, piqué, se promène dans

la cuisine, et, s'adressant à l'hôte, il continue ainsi : Il paraît que vous n'avez pas fait fortune depuis que je ne suis venu dans votre auberge? il n'y a ici ni chaises, ni tables, ni plats, ni assiettes, ni buffets; et c'est tout au plus s'il y a un peu de cela dans la salle où nos maîtres vont souper.

Ces pièces étaient en effet presque nues.

L'hôte répond : Maudit bavard, qui m'empêche de travailler! — Si vos chambres à coucher sont meublées à l'instar de celles-ci, il faudra s'y passer de lits. — Quand vous vous en passeriez! — Vous n'êtes pas très-poli envers le public, papa l'hôte? — Pas plus que le public comme vous ne l'est avec moi.

A quoi servent tous ces propos? interrompt le premier étranger, toujours en souriant. Ce bon serviteur veut s'amuser ; vous avez tort, monsieur l'hôte, de vous en fâcher. Il n'aura pas toujours gain de cause, et vous vous moquerez de lui à votre tour.

Landry allait apostropher ce nouvel aggresseur ; mais Adalard, qui voulait éviter une querelle, le rappela et lui défendit de répondre à ces gens-là, à moins qu'ils ne l'attaquassent plus ouvertement.

Nos voyageurs soupèrent dans leur salle, et les trois étrangers en firent autant dans la cuisine. L'hôte était seul à tout faire, à servir, et il paraissait devenir de plus en plus soucieux. Espérie et Adalard parlaient de choses indifférentes, et Landry, mangeant seul dans un coin de la salle, cédait à son humeur, en critiquant toujours l'hôte sur l'extrême nudité de son auberge. Celui-ci ne lui répliquait plus ; mais il était pâle et sombre comme un homme qui médite un mauvais coup.

Quand le repas du soir fut fini, Espérie demanda à se retirer pour prendre du repos. Montez tous, lui répondit brusquement l'hôte ?

Il les introduisit dans une grande chambre, au premier, dont les fenêtres étaient grillées partout. On voyait là deux lits, et dans un cabinet, attenant un troisième lit pour Espérie. Je n'ai que cela à vous donner, leur dit l'hôte. Ces messieurs que vous avez vus là-bas, occupent une autre chambre plus loin, et il n'y a plus ici que ces deux logemens à offrir à des voyageurs. Toutes mes autres pièces sont démeublées. —Démeublées, demande Landry ? comment cela, s'il vous plaît ? — Ce ne sont point vos affaires. Voilà deux heures que vous me questionnez !...

L'hôte sort, et soudain on voit entrer l'examinateur de Saint-Céré, accompagné de son fils. Pardon, dit le le père; mais je ne crois pas me tromper, mademoiselle est la fille du comte de Hautefère, et monsieur est Adalard, écuyer de Roland de Mortagne? — Vous ne vous trompez pas, répond Adalard; mais, vous, je ne puis me rappeler vos traits, qui ne me sont pas étrangers? — Vous ne reconnaissez pas l'ancien intendant de monseigneur le comte de Haut-Castel, qui vous a vu naître et élever par la famille de Hautefère, à laquelle celle de mon ancien maître est alliée par le sang; car le seigneur Antoine est cousin, par les femmes, du feu comte Aldouin de Hautefère? — Fort bien... Je me rappelle à présent....

Adalard se souvient en même temps que cet intendant, nommé Gélon, est

est le plus grand fripon, le plus grand misérable de la terre.

Gélon continue : Je me suis retiré tout à fait à Saint-Céré, dans mes propriétés ; mais mon fils, que voilà, est resté valet-de-chambre de monseigneur Antoine, qui l'aime comme si c'était son fils. — Je le crois, s'il lui est aussi dévoué que le fut son père. — Oh ! c'est le même attachement. Mon fils se mettrait dans le feu pour son maître ; il tient de moi pour cela. Ecoutez, Adalard ; vous croyez peut-être que notre rencontre ici est l'effet du hasard : vous vous trompez. Mon fils, surtout, y est venu exprès. — Exprès ? — Oh ! je vais vous dire la vérité. Lorsque je vous vis, ce matin, dans l'église de Saint-Céré, comme je savais qu'on avait enlevé mademoiselle de Hautefère de sa prison, je me doutai à l'instant que c'était vous qui aviez eu cette témérité, vous voyant d'ailleurs avec une jeune personne de l'âge de la prisonnière dont on m'avait donné le signalement. J'en fus bientôt persuadé en rentrant chez moi. J'y trouvai mon fils, que son maître envoyait à votre poursuite. Voici les motifs qui lui firent donner cet ordre. Le seigneur Frédégond, après avoir passé l'autre nuit toute entière ayant de l'eau jusque là, et pouvant à peine respirer, dans la plaine de Corjac, y fut enfin trouvé, au point du jour, lorsqu'on vint visiter ce lieu funeste, rempli de mourans et de noyés. Le seigneur Frédégond ne l'avait pas été, parce qu'il s'était traîné jusqu'au billot de la victime, contre lequel il s'était appuyé. On le ramena chez lui, mais sans forces, sans mouvement, ayant perdu l'usage de la parole. Il ne put que faire signe qu'on l'avait dépouillé de ses précieux papiers. Son oncle, averti de ce fatal événement, envoya soudain à la tour de Cahors. Il n'était plus temps ; il y avait deux heures que mademoiselle de Hautefère en était partie. Avec qui ? tel était le doute dans lequel on flottait. On présuma cependant que, quel que fût son adroit libérateur, il la reconduirait chez son aïeul, le vieux Geoffroy de Rançon, dont le château touche aux portes de la ville de Roquamadour. Que pouvait-on faire ? suivre cette route, c'était le plus prudent. Mon fils fut chargé de cette mission ; mais vous aviez alors plus de deux heures sur lui, et, après qu'il eut marché toute la journée, il ne put jamais découvrir dans quel endroit vous vous étiez arrêtés pour passer la nuit. Il dormit, lui, en plein air, ne trouvant point d'asile, comme on sait qu'il n'y en a pas en effet sur toute cette route, où l'on ne rencontre, et encore dans les terres sur la droite, que le petit village de Surville, habité seulement par des paysans, trop étroitement logés dans des masures pour y donner retraite à des étrangers de distinction. Mon fils continua donc sa route, ce matin, et descendit chez moi, où je lui appris la rencontre que je venais de faire, dans l'église de Saint-Céré, de l'écuyer Adalard et d'une jeune fille, que je lui désignai. Nous partîmes sur-le-champ pour suivre vos traces; et, malgré l'orage, nous nous rendîmes ici, où nous présumâmes que le mauvais temps vous forcerait à vous arrêter. Vous voyez que je ne vous dis pas un mot qui ne soit vrai?

Adalard lui répond vivement :

Après, monsieur? où en voulez-vous venir, voyons, parlez? — J'en veux venir à vous faire part, avec la même franchise, des offres pacifiques que mon fils est chargé de vous faire, toujours de la part de son maître. Le seigneur Antoine, qui ne peut en vouloir, en aucune manière, à cette intéressante orpheline, a ri le premier du tour d'adresse qui a brisé ses fers. Le chevalier Frédégond ne devant, au dire des gens de l'art, éprouver aucune suite fâcheuse de la violence que vous lui avez faite, son oncle n'ayant par conséquent rien à redouter pour lui, et s'étant moqué même de la sotte frayeur qui l'avait fait tomber sous vos coups, le seigneur Antoine a dit à mon fils : Tâche de rejoindre le libérateur d'Espérie, et dis-lui que je ne lui en veux nullement, que je lui permets de reconduire cette jeune personne à sa famille, que je renonce même à la persécuter davantage ; mais que c'est à une seule condition. — Laquelle? — Qu'il rende le portefeuille de Frédégond, dans lequel se sont trouvés des papiers peu importans, sans doute, puisqu'ils n'offrent qu'une plaisanterie, un plan mal digéré, qu'on s'était amusé à bâtir pour voir si en effet de véritables conspirateurs ne pourraient pas essayer de culbuter le duc de Mayenne. Voilà, Adalard, l'ordre du seigneur de Haut-Castel; rendez ces papiers, et vous êtes libre, ainsi que mademoiselle.

Adalard s'écrie : Comment libre! et qui oserait attenter à ma liberté? — Prenez garde, Adalard! nous ne sommes pas seuls ici. J'y ai fait cacher plus de trente hommes, et voilà pourquoi l'hôte vous a dit n'avoir que deux logemens à offrir aux voyageurs; les autres sont pleins de gens armés, et cet hôte lui-même est à notre discrétion. — Vous avez, dites-vous, caché trente hommes? — Oui; mais qui ne sont point dans notre confidence. Il leur est seulement enjoint d'obéir à mes moindres ordres. — Mensonge! je ne vous crois point. — Faut-il que j'aie l'imprudence de les faire paraître à vos yeux, pour effrayer cette jeune et charmante dame, qui déjà est toute tremblante. Je vous jure, Adalard, que nous sommes en grand nombre, et capables de vous arracher par la force ce que vous refuserez de céder à la douceur, à la raison; car ces papiers ne peuvent vous servir à rien. Le dévouement du seigneur Antoine pour monseigneur le lieutenant général du royaume, chef de la ligue, est trop connu pour qu'on puisse le transformer comme cela, soudain, en conspirateur. Que peut-il craindre? — S'il ne craignait pas cependant la publicité de ces signes irrévocables de sa trahison, il ne vous mettrait pas en œuvre pour les ravoir. — Je vous jure qu'il n'en redoute rien; mais seulement sa délicatesse souffre de les savoir en des mains étrangères. Une ame pure redoute jusqu'à l'ombre d'un soupçon. — Ah! une ame pure! M. Gélon, vous êtes, vous, un grand scélérat, vous qui trouvez *une ame pure* au seigneur de Haut-Castel. Ah! ciel!

Adalard est indigné. Gélon dit à son fils, avec l'air d'un faux intérêt: J'entends du bruit là bas; est-ce que nos gens, impatiens de nous servir, voudraient agir déjà, sans mon ordre? Vas dire à celui qui nous parlait ce soir, avec qui nous avons soupé, qu'il

maintienne

maintienne cette cohorte jusqu'à ce qu'elle sache mes volontés.

Gélon va quitter la chambre. Adalard s'écrie : Sortez, misérables ! ôtez-vous tous les deux de ma présence ! votre ruse de guerre ne m'effrayera pas. Vous n'êtes pas en si grand nombre dans ce repaire ; mais y fussiez-vous cent, je vous braverais tous ! Jamais ces preuves de la trahison d'Antoine ne sortiront de mes mains !

Gélon père insiste : Vous vous perdez, Adalard, et avec vous cette jeune et intéressante orpheline, qui après avoir échappé à tant de dangers, peut succomber à ceux que vous lui préparez. Je vous affirme que le péril qu'elle court en ce moment est le plus grand de tous. Il y va de sa vie, de la vôtre ; cette nuit, cette nuit même, m'entendez-vous bien ? —Monstre ! je devrais faire voler ta tête ! —Je serais bientôt vengé! tous mes hommes te pulvériseraient!

Il s'adresse à Espérie : Madame! que votre propre intérêt vous unisse à moi, en cet instant précieux? engagez-le, suppliez-le, s'il le faut, de me rendre ces papiers. En supposant qu'ils fussent dangereux pour mon maître, et en cas qu'Adalard puisse jamais s'en servir, pouvez-vous contribuer à la perte d'un seigneur tel qu'Antoine de Haut-Castel, et la soif de la vengeance trouverait-elle accès dans une ame aussi belle, aussi angélique que la vôtre.

Espérie lui répond : Je n'ai, je vous l'assure, aucun desir de vengeance; j'ai juré même à mon père, à ses mânes sacrés, que je chasserais à jamais de mon cœur cette basse et cruelle passion; si je possédais ce que vous demandez, je vous le rendrais, dussé-je même avoir l'air de céder à la peur. Le motif n'est rien quand on fait une belle action; mais Adalard est mon guide, il a plus d'âge, plus d'expérience que moi; s'il juge de sa prudence de se refuser à vos vœux, je n'ai aucun droit de l'y contraindre..... Adalard? voyez cependant, réfléchissez?

Tout est vu, madame, répond Adalard; je ne serai pas dupe de la ruse qu'emploie un pareil agent d'un scélérat tel que lui, et je combattrai ses vils suppôts, s'il ose les exposer à mes coups!... Où sont-ils? Gélon, parle, où sont-ils? me voilà prêt à les recevoir.

Et moi aussi, s'écrie Landry, en tirant son sabre! où est Fabio, sir écuyer? appelons Fabio? — Nous n'avons pas besoin de lui. Des traîtres comme ces gens-ci sont si lâches, que deux hommes suffisent pour les corriger.

Gélon reprend : Toutes ces bravades ne nous intimideront pas. Au surplus, et par égard pour mademoiselle de Hautefère, dont nous voulons différer la perte, nous vous laissons trois heures pour réfléchir. Il est neuf heures. A minuit, je reviendrai savoir votre réponse; mais je ne serai pas seul, je vous en préviens, et ce sera, à tous, votre dernier moment!

Il sort, en lançant à Adalard un regard fulminant. Landry court après lui pour le frapper; Adalard l'en empêche, et va lui-même fermer la porte sur cet hypocrite. Quand il est parti, on tient conseil. Il est possible, dit Adalard, qu'il y ait des satellites cachés ici. Il les aurait montrés cependant, et ne se serait pas contenté de n'en faire que la menace. Non. Ils sont seuls, c'est-à-dire, quatre, Gélon, son fils, un autre particulier, et l'hôte, en cas que l'hôte veuille s'en mêler. J'en tuerai bien deux pour ma part. Et toi, Landry? — Six, maître, s'ils étaient là. — Il est malheureux pourtant que Fabio ne soit pas avec nous? — Sans doute. Où l'auront-ils couché? Dans une écurie, apparemment. Ils le tueront peut-être? — Oh! Fabio ne se laissera pas frapper impunément. — Dans quel coupe-gorge sommes-nous descendus là, sir écuyer! Je vous le disais bien; j'avais des soupçons! — Du courage? J'ai des pressentimens que nous sortirons victorieux de cette aventure. J'ai des pistolets, mon épée. — Et moi, j'ai mon sabre et des pistolets aussi. — Je ne crains rien. — Je ne crains que pour mademoiselle de Hautefère. — Ils ne peuvent lui en vouloir ; ce n'est pas vers elle qu'ils dirigeront leurs coups. Au surplus, nous lui feront un rempart de nos corps. — Oh ! ils ne l'atteindront qu'après m'avoir percé le cœur. — Bien, Landry ; deux hommes de courage comme nous ne redouteraient pas un bataillon ! — Pas une armée ! — En attendant, malheureuse Espérie, retirez-vous dans ce cabinet, qu'on vous destinait pour chambre à coucher. Barricadez-en la porte en dedans ; j'en ferai autant en dehors, et veuillez attendre là, avec confiance et fermeté, l'issue d'un combat qui ne peut être douteux, quel que soit le nombre des assaillans. Je sens ce que ce moment a de terrible pour vous, pour une femme !

Une femme comme moi, répond

vivement Espérie, ne redoute point de voir finir des jours trop infortunés ; elle est capable même de partager la mort glorieuse de ses braves défenseurs. Donnez-moi une arme, et vous verrez que je saurai vous seconder. — Quoi ! vous prendriez un de mes pistolets à deux coups ? — Donnez ; chacun de ces deux coups vous débarrassera d'un ennemi.

Espérie s'arme en effet d'un pistolet et paraît décidée à s'en servir. Adalard la contemple avec admiration, en disant : Courageuse fille du comte Aldouin ! digne nièce du vaillant Roland de Mortagne, illustrez votre sexe, et prouvez-lui que vous ne dérogez pas du beau sang dont vous êtes née.

Espérie, si douce, si timide, n'est plus reconnaissable. Une valeur guerrière brille dans ses regards, dans tous ses traits ; elle se prépare à se défendre ; elle brûle même d'en venir aux mains, espérant venger les mânes des auteurs de ses jours dans le sang des vils agens de leur bourreau. L'excès du danger lui paraît devoir la dégager du serment qu'elle a fait de pardonner à ses ennemis ; elle voudrait les voir s'avancer tous et les percer d'un seul coup.

Les ames d'Adalard et de Landry sont plus abattues ; ils tremblent, nòn pour eux, mais pour la vie du précieux dépôt qui est confié à leurs soins. Ils craignent qu'Espérie ne reçoive, dans la mêlée qui se prépare, un coup mortel, ou au moins dangereux ; et ils maudissent de nouveau le méchant Antoine, qui les poursuit jusque dans leur fuite.

Ils attendent cependant, en se tenant sur la défensive ; mais aucun bruit ne vient frapper leur oreille attentive. Quelques portes, que l'on ouvre et ferme dans le bas, leur font voir seulement qu'il y a encore des gens éveillés dans la maison. Il s'écoule ainsi plus de trois heures. Le moment du signal indiqué est passé; le petit jour même point au loin sur l'horizon, et personne ne paraît. Il faut croire que Gélou a renoncé à son projet; qu'il n'a voulu qu'effrayer Adalard, sans avoir les moyens d'exécuter ses menaces. Adalard a donc bien fait de les mépriser, de ne pas se dessaisir de ses papiers... On n'entend plus rien dans l'auberge. Allons, c'est une fausse alerte; Adalard va remettre l'épée dans le fourreau....

Mais, grand Dieu! quel événement affreux, inattendu!.... Une épaisse fumée se répand partout; une odeur suffoquante empêche de respirer, et déjà des tourbillons de flammes s'élèvent autour de la chambre de nos malheureux voyageurs ; le feu est partout !

Adalard s'écrie : Les scélérats ! n'osant pas nous combattre, ils veulent nous brûler, pour détruire avec nous les preuves de leur trahison.

Soudain, le courage d'Espérie l'abandonne ; elle laisse tomber son pistolet et jette des cris perçans !.... Landry ouvre les deux seules croisées qui se trouvent dans ce logement.... Ces croisées sont grillées d'énormes barreaux de fers.... Adalard veut ouvrir la porte, qui résiste, attendu qu'on l'a fermée en dehors. Il veut l'enfoncer en lui donnant de violens coups avec le sabre de Landry. Tous crient : *Au feu! au feu !* Personne ne répond ; personne ne vient les secourir....

Pour comble d'effroi, une partie du plancher, minée sans doute dans ce dessein, s'écroule, et la flamme, tournant dans leur chambre, s'apprête à dévorer tout ce qu'elle va y rencontrer...... Déjà elle atteint nos voyageurs ; ils vont périr !...

Mais Dieu ne laissera pas succomber ainsi l'innocence. Une voix s'écrie : Venez, venez, sauvez-vous ?

D'où part cette voix consolatrice ? On écoute, on regarde, et l'on aperçoit enfin un homme, appuyé à l'extérieur sur une échelle, et qui jette en bas de lui toutes les barres de fer de la croisée, avec la même facilité que s'il remuait des bâtons..... Cet homme...., c'est Fabio ; c'est le zélé domestique d'Adalard !

Adalard lui donne soudain Espérie que Fabio descend bien vîte dans la cour de l'auberge. Adalard, Landry, se servent de la même échelle, et les voilà sauvés !

Tandis que ces trois hommes se livrent à l'excès de leur indignation, la jeune Espérie tombe par terre sans connaissance. Quelle horreur ! s'écrie Adalard. Fabio, où sont ces misérables ? — Ils sont tous partis ! Pardi, ils ne voulaient que vous faire perdre la vie dans un gouffre enflammé. — Et ils sont partis, dis-tu ? ô rage ! — Oui, le père, le fils et l'hôte. Quant au quatrième..... — Ils n'étaient que quatre ? — Pas davantage. Le quatrième est encore là. — Que je le tue, ce monstre ! — Oh ! il est déjà à moitié mort. — Mais, Espérie, Landry ? elle est sans mouvement ! — Je n'ai que de l'eau à lui donner. Vive Marie ! je n'irai pas chercher dans cette cuisine, qui est tout en feu.

Le bâtiment brûlait en effet, et avec une rapidité excitée encore par un violent vent du nord. On entend craquer, tomber les poutres, les cloîsons, et le toit, en s'enfonçant dans le gouffre de feu, laisse jaillir vers le ciel mille torrens de flammes de diverses couleurs, qui retracent le cratère d'un volcan en éruption !

Pendant que Landry s'occupe à faire revenir à elle sa jeune maîtresse, Fabio entraîne son maître vers une remise où sont encore les trois chevaux, la litière et les deux mulets. Là, Adalard, entendant des gémissemens, s'écrie : Qu'est-ce que cela ? il y a quelqu'un ici ? — Je vous l'ai dit, répond Fabio. C'est le quatrième brigand. — Comment se trouve-t-il là ? blessé apparemment ? — Vous allez le savoir. « Je m'étais couché vers sept heures, sans souper ; car ces coquins ne m'ont rien donné, quelque demande que j'aie faite. Je m'endormis sur-le-champ. Heureusemeut que mon premier somme était passé quand il m'arriva l'événement que je vais vous raconter ; car plutôt, ma foi ! vous savez, mon maître, que je n'entendrais pas un boulet de canon qui sifflerait à mes oreilles ; oh ! j'ai le premier sommeil dur. — Je sais cela. Après, continue ? — Je ne dormais donc plus que faiblement quand je crus entendre quelques pas qui tendaient vers moi. Je regarde ; je vois un homme muni d'une lanterne, qui n'est pas assez sourde pour n'en point laisser échapper quelques rayons de lumière.... J'avais observé, toute la soirée, des allées, des venues, des chuchottemens ; j'avais vu porter dans cette salle basse qui est au-dessous de la vôtre, une quantité de paille, de matières combustibles qu'on y amoncelait comme dans une grange. Je ne sais pas; mais j'avais des craintes, des soupçons, des pressentimens..... Je vois donc cet homme s'avancer; je fais semblant de dormir, et même de ronfler.... Une voix, en dehors de l'écurie où j'étais couché, dit presque bas à l'homme qui s'approchait ainsi : Est-il bien endormi? — Oh! très-profondément, répond mon homme. — Eh, bien, tue le vîte, pendant que nous allons mettre le feu à la salle basse?

» Mettre le feu et me tuer, me dis-je en moi-même, sans éprouver un trop grand effroi; voyons.

» Je laisse partir l'homme à la voix du dehors; puis saisissant avec force celui qui se penche vers moi pour m'assassiner, je lui arrache une hache dont il était muni, et je l'en frappe à coups redoublés, si bien que je le laisse pour mort. Soudain je vois la maison toute en feu !.... J'abandonne le blessé, qui ne peut plus me nuire, et je vais à pas lents, sans faire le moindre bruit, examiner ce que deviennent l'hôte et ses complices. Je les vois, tous les trois, ouvrir la porte de la cour, qui donne dans les champs, celle-là que vous voyez, et ils se sauvent à toutes jambes. Oui, mon maître, le père, le fils et l'hôte, voilà les trois incendiaires qui ont mis le feu à la maison ; car loin de s'occuper à l'éteindre, ils se sont enfuis, preuve qu'ils voulaient vous faire périr ; je ne puis deviner pourquoi, mais c'était bien leur intention !... Alors, mon bon maître, je pense aux périls que vous courez tous. Je cherche, je furète, et je trouve enfin là bas,

une

une grande échelle, qu'on paraissait avoir cachée à dessein sous un grand tas de planches, éloigné du lieu de l'incendie. J'appliquai soudain cette échelle contre vos croisées qui donnent dans la cour, et à travers lesquelles je voyais circuler déjà de longs tourbillons de flammes. Les cris de mademoiselle Espérie me perçaient le cœur; mais je fus bien plus affligé quand je vis que vos fenêtres étaient grillées. Je cherche à arracher un de ces barreaux, et, à ma grande surprise, il vient si facilement que je tombe avec lui, du haut de mon échelle, dans la cour. Je remonte; j'arrache ainsi tous les barreaux, et j'ai le bonheur de vous sauver tous! à présent, mon maître, venez un peu interroger ce coquin, qui voulait m'assassiner et qui n'est pas assez blessé pour ne pas pouvoir répondre à vos questions.

L'entendez-vous qui gémit? Oh! vous le distinguerez aisément à la lueur de l'incendie qui va bientôt mettre en cendres tout ce vaste bâtiment. »

Adalard s'approche du mourant et lui demande: Qui est-tu? —Oh! tuez-moi, sir écuyer, en grace achevez-moi? j'ai bien merité cette punition de mes crimes. —De tes crimes? — « Oui, sir écuyer, je suis un malfaiteur, un voleur de grande route. J'attirais, quand je ne le dépouillais pas, le voyageur qui se trouvait seul, je l'attirais dans l'auberge où nous sommes, où l'hôte et moi, nous l'égorgions pendant la nuit. —Les scélérats! —Nous en avons expédié un de cette manière, la nuit dernière, ce qui m'avait beaucoup fatigué; au point que j'étais resté, toute la matinée dans l'auberge, pour me refaire, lorsque MM. Gelon, père et fils, y sont venus. Il y a un bon coup à faire, a dit le père : Le seigneur de Haut-Castel donne mille Henris à ceux qui pourront se défaire d'un écuyer et d'une jeune fille qu'il faut tâcher d'attirer ici, ce soir ; car ils voyagent sur cette route.

» Après avoir détaillé la manière dont serait donnée la récompense promise, le père Gélon a dit qu'il vous parlerait d'abord, et que s'il n'obtenait pas de vous ce qu'en desirait l'illustre seigneur de Haut-Castel, il fallait tous vous brûler vifs. L'hôte a d'abord fait des difficultés de brûler son auberge : Eh ! coquin, lui a dit Gélon, combien vaut-elle ? Trois mille livres ? On t'en donnera quinze mille; avec cela tu en rebâtiras une autre.

» Cette raison a décidé l'hôte, qui est convenu que c'était un moyen de faire périr des gens, attendu que son auberge étant éloignée de plus d'une lieue de toute habitation, on avait le temps d'y *rôtir* avant que persoune puisse venir à votre secours.

» Dès lors, l'hôte a fait partir de l'auberge sa femme, sa servante ; puis il en a déménagé ce qu'il avait de plus précieux et qu'il a porté dans un champ entouré de murs, à lui appartenant, à demi quart de lieue d'ici ; puis Gélon et son fils ont fabriqué à la hâte des barres de bois, qu'ils ont noircies, et piquées seulement dans le plâtre de vos croisées, pour vous faire croire que c'était des barreaux de fer. Ils ont pris ainsi toutes leurs petites précautions ; puis enfin, quand ils ont vu que vous aviez un domestique et des chevaux, ils m'ont chargé de tuer ce domestique, pendant son sommeil. Je devais aller les rejoindre après ; mais la prudence de ce brave garçon a dérangé mon projet, en me punissant de mes crimes... C'est ainsi que, lorsque vous êtes monté pour vous coucher, Gélon et son fils ont été vous parler chez vous, et trop long-temps au gré de notre impatience ; car l'hôte et moi, qui n'étions pas dans leur confidence, nous ne savions ce que ces deux gens là avaient à vous dire. Ensuite le père et le fils sont descendus nous trouver : le père a compté à l'hôte quinze mille livres en or, et à moi, mille livres, que le seigneur de Haut-Castel avait chargé son fils de distribuer à ceux qui l'aideraient dans son projet de vengeance. L'hôte n'a plus hésité du tout à faire le sacrifice de son auberge, et il y a mis le feu, comme vous le voyez, espérant que vous y péririez tous.... Moi, seul j'ai fait manquer ce crime affreux, et Dieu l'a voulu sans doute, pour m'ouvrir les yeux et m'envoyer le repentir à l'heure de ma mort. »

Scélérat ! dit Adalard. Oui, meurs, meurs de tes blessures ! tu l'as bien mérité !

Landry accourt dire à l'écuyer qu'Espérie se trouve mieux, mais qu'elle est d'une faiblesse qui l'empêche de marcher.

Adalard vole à l'endroit où il l'a laissée.

Pendant son absence, Fabio répète à Landry le récit que vient de faire le blessé. Celui-ci, furieux, s'écrie : Eh ! vive Marie ! il n'y a qu'à le jeter dans le feu où il voulait nous faire tous périr !

Aussitôt dit, aussitôt fait. Landry lui prend la tête, Fabio le saisit par les pieds, et tous deux le lancent au milieu même de l'incendie, où il devient bientôt la proie des flammes.

Cet acte de cruauté fut vivement blâmé par Adalard et par Espérie, lorsqu'ils l'apprirent. Landry et Fabio eurent beau s'excuser sur la représaille, qui leur paraissait juste en pareil cas, Adalard leur en fit de violens reproches, et leur défendit sévèrement de ne jamais se permettre à l'avenir un acte de vengeance aussi barbare, avant de l'avoir consulté.

Landry et Fabio s'éloignèrent en murmurant : Pardi! un voleur de grand chemin! c'est bien dommage! quand on en ferait autant à Gélon, à son fils, ainsi qu'à leur hôte si humain, ce ne serait que justice.

Le jour s'élevait; mais les torrens de fumée et de flammes, qui sortaient de l'auberge incendiée, faisaient pâlir le crépuscule, et cependant on voyait accourir de loin une foule de paysans que les béfrois des villages éloignés avaient avertis du feu, et qui volaient pour l'éteindre.

Adalard ne jugea pas qu'il fût prudent d'attendre cette cohorte, qui pouvait être composée de partis opposés au sien. En conséquence, et voyant que la jeune Espérie avait recouvré son courage ainsi qu'une partie de ses forces, il décida qu'on quitterait à l'instant ce lieu d'horreur et de trahison. Espérie fut replacée dans sa litière; Adalard, Landry, et le courageux Fabio montèrent à cheval à ses côtés, et nos voyageurs, qui n'avaient plus que trois lieues à faire pour se rendre au château de Rançon, prirent, pour y arriver, des chemins détournés, afin d'éviter la rencontre et les questions des paysans, qui, les voyant venir à eux par

la

la grande route, n'auraient pas manqué de leur demander l'origine et les détails d'un incendie dont ils ne connaissaient que trop l'odieuse cause.

Courage, mademoiselle de Hautefère, dit, en route, Adalard à la jeune Espérie; dans deux heures j'espère vous mettre entre les bras d'un oncle qui vous chérit, du haut et vaillant seigneur Roland de Mortagne! »

ÉPILOGUE.

Nous en étions là de notre lecture, et il n'était pas encore midi; mais le possesseur du manuscrit se rappela qu'il avait un rendez-vous d'affaires, assez pressé, et il me pria de suspendre jusqu'au lendemain. C'est dommage, lui dis je, j'aurais bien voulu savoir si cette pauvre Espérie avait enfin rejoint son oncle; car il semble que les obstacles naissent sous ses pas pour empêcher une réunion si attendue, si desirée. Va-t-elle enfin revoir cet oncle, après lequel le lecteur soupire aussi ? Vous, ou plutôt l'auteur, le prépare de loin comme un homme d'une haute importance, et qui doit jouer le plus grand rôle dans la suite de son ouvrage ! — Vous verrez cela, me répondit mon vieillard en riant. Vous êtes comme les enfans; vous soupirez toujours après le dénouement. Il me semble qu'un faiseur de romans devrait marquer moins de curiosité ? — C'est parce que je les aime beaucoup que j'en fais, monsieur. Je n'aime cependant que les romans moraux, qui amusent l'esprit sans corrompre le cœur, qui contribuent à faire respecter les lois, ceux qui les font et leurs dignes interprêtes, qui font aimer enfin les vertus sociales et privées. Leur lecture n'est jamais dangereuse, elle peut être au contraire utile à la jeunesse, et ces Aristarques universels qui veulent nuire au succès de tel roman, en jetant un mépris général sur le genre en entier, ressemblent, selon moi, à un naturaliste qui regarderait comme vénéneuses toutes les plantes sauvages, sans en distinguer celles qui offrent des vertus salubres, et sont utiles à la médecine. Un livre moral est, qu'on me passe le terme, un véritable médicament pour les mœurs, et, s'il peut être utile sous ce rapport, quel que soit son titre, ou son genre, il est estimable. — Vous avez raison. Qui proscrit en masse est injuste. Mais, à demain, monsieur.

QUATRIÈME MATINÉE.

PONCTUEL au rendez-vous, j'y trouvai mon homme, qui me dit : Eh bien, monsieur, votre curiosité, qui vous a tant tourmenté hier, va être satisfaite. — Ne m'en parlez pas, monsieur, lui répondis-je; j'ai rêvé, toute la nuit, de votre auberge incendiée. Je la voyais là, donnant sur la route, d'un côté, de l'autre, sur une vaste cour, garnie d'appentis, d'écuries. Un feu si considérable, en pleine nuit; vos voyageurs qui descendent par une échelle, dont sans doute Fabio maintient le pied; les chevaux, qui hennissent, effrayés; le brigand blessé, qui se repent trop tard, et donne les détails de la plus noire des trahisons; tout cela éclairé par des flammes qui imitent, comme votre auteur le dit fort bien, l'éruption du Vésuve, j'ai eu tout cela devant les yeux. Vous aviez bien raison de me dire que j'étais comme un enfant ; j'aime les choses merveilleuses ! — Oh ! vous n'êtes pas le seul, mon cher monsieur. Beaucoup d'hommes, et presque toutes les dames sont comme vous. Faut-il vous blâmer, les blâmer de ce goût ? Il faudrait donc blâmer aussi le plaisir que procurent les prestiges du grand Opéra de Paris, l'empressement que met la foule, et la foule de toutes les classes de la société, à courir aux mélodrames des boulevards ? Ils vont s'amuser, ces curieux ; eh ! laissons-les s'amuser. Que vous importe la nature du plaisir qu'ils goûtent, à vous, froids amateurs des règles d'Aristote ! s'ils quittent de temps en temps vos palais tragiques, vos salons dorés, vos invraisemblables places publiques où une action se noue, se mêle, se dénoue au nez des passans ; s'ils se plaisent enfin à voir des forêts, des hermitages, des torrens, des naufrages, des incendies, de ces effets de la nature qui frappent l'imagination ; eh ! laissez-les aller aux mélodrames, laissez-les lire des romans ? « L'invraisemblance en est absurde, direz-vous ? » L'invraisemblance amuse et ne nuit à personne. « Mais l'immoralité ? » Oh ! c'est différent : si une pièce est immorale, si un livre est dangereux, que la police les défende? Si ces ouvrages au contraire ne sont, à vos yeux, qu'invraisemblables, ennuyeux, ne les voyez pas, ne les lisez pas? On n'a jamais fait de loi contre l'ennui, on n'en fera pas davantage pour forcer les gens à s'ennuyer.... Mais, je m'emporte là!...

Mon homme en effet devenait rouge de l'action qu'il mettait à ce discours; il parlait même si haut, que déjà plusieurs promeneurs s'arrêtaient, comme il l'avait fait, à mon égard, le 3 Mai, jour si heureux pour toute la France, et l'époque de notre première entrevue. Partageant néanmoins son enthousiasme, je ne fis aucune attention aux passans; je l'interrompis en lui disant : Vos réflexions sont justes, monsieur, et, d'ailleurs, ce goût pour le merveilleux, on nous le donne dès notre enfance; on ne nous amuse, on ne nous instruit qu'à force d'invraisemblances. La Fontaine fait parler les animaux pour commencer à exercer notre mémoire. *Le petit Poucet*, *le Chaperon rouge*, *le Chat botté*, nous offrent les premières distractions; *les Fées*, *les Ogres*, *les Croquemitaines*, nous inspirent nos premières terreurs; il n'y a pas jusqu'à *Polichinelle* qu'on ne veuille nous persuader être existant, mangeant, buvant, caquetant! Je ne parlerai pas des contes de bonnes, des Géans, des Sorciers, des Revenans, et de mille autres sottises que les servantes et les vieilles femmes se plaisent à débiter aux enfans! Si donc c'est ainsi qu'on parle à notre première intelligence, est-il étonnant que, devenus hommes, ou femmes c'est entendu, nous nous plaisions à des choses surprenantes, bizarres, merveilleuses, qui se rapprochent presque de celles qui ont tant frappé notre imagination, dès notre sortie du berceau! Qui peut blâmer cela, je le demande? et quel est celui de ces critiques si austères qui, s'indignant de voir la foule se précipiter dans les salles de l'*Ambigu* et de la *Gaîté*, ne s'arrête pas à côté, en riant, à la vue de Polichinelle, frappant, à coups redoublés, sur la tête d'un commissaire de bois!..... Mais reprenons notre lecture.

Nous haussâmes tous les deux les épaules, tant nos exclamations réciproques nous avaient enflammés, et je crois que, mon homme et moi, nous aurions battu un des détracteurs du genre du roman, s'il s'en fût trouvé là sous notre main.....; mais le bon vieillard me remit son manuscrit, que je continuai à lire en ces termes.

> Une étoile brillante scintille au firmament. Elle guide de simples bergers, dans une nuit profonde ; elle leur fait éviter les torrens, les abîmes, les précipices ; elle les conduit enfin à la crèche isolée, où vient de naître le divin Rédempteur du monde !... Ainsi la Providence écarte de la tête de l'homme de bien, les tempêtes et les orages qui voudraient l'empêcher d'arriver au but où tendent ses nobles entreprises.

Un chevalier, armé de toutes pièces, la lance en arrêt, et monté sur un véritable palefroi, aperçoit, à quelques pas de lui, un bon laboureur qui bêche son champ. Ami, lui dit-il, ami! — Seigneur chevalier, que voulez-vous? — Suis-je bien loin encore de la ville de Roquamadour? — Vous la voyez devant vous, seigneur chevalier; à demi-lieue au plus d'ici, vous apercevez ses maisons et le clocher de sa collégiale. — J'ai affaire au château de Rançon; faut-il entrer dans la ville pour trouver ce château? — Non, seigneur chevalier; le château de Rançon est hors, mais très-voisin, à peu près à cinq cents pas de Roquamadour. Vous ne pouvez pas le voir d'ici, quoique ses murailles soient très-hautes, attendu qu'il est de l'autre côté, et entouré de bois. Si vous suiviez la grande route, vous auriez plus de chemin à faire que par des sentiers de traverse qui, d'ici, y mènent tout droit. — Je ne connais pas ces sentiers-là. Ami, serais-tu assez bon compagnon pour m'y conduire? — Oui-dà, mon bon seigneur; c'est un ouvrage tout aussi pressé qu'un autre que de remettre dans leur chemin les voyageurs égarés. Suivez-moi; mais vous irez au pas; car je ne pourrais pas aller aussi vîte que votre cheval. —

Eh! mon ami, il ne va pas aussi vîte que je le voudrais. Moi et lui nous avons pensé nous casser le cou en traversant à gué une plaine dans laquelle le Tarn s'était débordé. — Ah! vous avez passé le Tarn dans c'te saison-ci, où qu'i fait des orages à tout moment! Vous ne vous rappeliez donc pas le vieux proverbe gascon, qui dit :

Qui passa lo Lot, lo Tarn et l'Aveyrou,
N'est pas segur de torna en sa maisou.

Le paysan guide le chevalier, et tous deux causent, chemin faisant : Seigneur chevalier, dit le paysan, sans être trop curieux, est-ce que vous auriez à faire au comte Geoffroy de Rançon lui-même. — A lui-même? mon ami, comme tu dis. — En ce cas là, il est inutile que vous alliez plus loin; car le vieux comte de Rançon est parti depuis deux jours, on ne sait pour quel endroit. Ça été un secret, même pour ses domestiques. — Il n'est pas chez lui? cela me contrarie beaucoup. J'espérais l'y trouver et y rencontrer avec lui le seigneur Roland de Mortagne, qu'on m'assure être depuis quelque temps au château de Rançon. — Oh! pour le seigneur de Mortagne, il y est lui, ben sûr. — En ce cas-là, mes pas ne seront pas perdus ; car j'ai également affaire à l'un comme à l'autre, plus même au seigneur de Mortagne. — Tenais, tenais, nous v'là déjà avancés; car vous le voyez à présent le château de Rançon? Il est ben vieux, n'est-ce pas? Dam, on dit comme ça dans le pays qu'il a appartenu au fameux paladin Roland, propre neveu de l'empereur Charlemagne. Oui, le célèbre Roland habitait ce château quelque temps avant c'te maudite bataille de Roncevaux, où qu'il a été tué. Vous sentez que ce château là, qui était déjà gothique avant lui, doit être ben ancien! — Mon ami, je sais cette histoire-là avant toi; mais comme tu parais aimer à t'instruire, je vais te donner là dessus quelques détails que tu ignores peut-être. Il est certain que le fameux Roland a habité quelques mois ce vieux château de Rançon; mais, après sa mort, arrivée à Roncevaux, son oncle Charlemagne, suivant les grandes chroniques, fit embaumer le corps de ce guerrier, avec du baume, de la mirrhe et de l'aloës : on le transporta ensuite jusqu'à Blaye, en Guienne, dans une bière dorée, couverte de riches draps de soie, où il fut *ensépulturé moult honorablement.* Long-temps après, le corps de Roland fut transporté dans la ville de Bordeaux et enterré dans la paroisse de Saint-Surin. Toujours est-il vrai que le paladin Roland, passant par Roquamadour, fut visiter la chapelle de Notre-Dame, et qu'il lui fit présent d'autant d'argent que pesait son *bracmar* ou son épée. Après sa mort, cette épée, autrement nommée *Durandal*, fut apportée dans cette chapelle. — Où elle est encore, seigneur chevalier, où elle attire en pélerinage un grand concours de dévots. Cette relique s'appelle toujours l'*Epée de Roland*, et les bonnes femmes du pays, comme des environs, viennent la toucher, à cel fin de devenir fécondes.

En causant ainsi, le chevalier et son guide arrivèrent jusqu'au pied du mur d'une haute terrasse, sur laquelle on voyait se promener plusieurs personnes. Le paysan, qui aimait à jaser, dit au chevalier : Voyez-vous ben ces personnes, là-haut? Le particulier le plus grand de tous est le seigneur Roland de Mortagne, homme de quarante-cinq ans au plus, beau, bien fait et aussi vaillant que franc, loyal et généreux. Le seigneur qui est à sa droite est un vieillard de quatre-vingts ans, bien portant encore, mais presque aveugle. C'est le vieux sir Hatton de la Touraille, grand-père du malheureux comte Aldouin, qui a péri, vous savez? — Oh! tous les bons Français ont vu ce crime avec horreur. L'autre seigneur, qui est à la gauche de Roland de Mortagne, quel est-il? — C'est le chevalier de Solminiac, bien âgé encore, mais plus fort que l'autre, attendu qu'il a quinze ans de moins. Ce chevalier de Solminiac, homme bien respectable aussi, est l'oncle du vaillant Roland de Mortagne, c'est-à-dire, frère de la première femme de feu le comte Gabriel, écuyer de Bourbon-Vendôme, comme le sir de la Touraille fut le père de la seconde femme de ce comte Gabriel. De la demoiselle de Solminiac naquit Roland de Mortagne; de la belle Isaure de la Touraille, le comte Aldouin, vous savez ça? — J'ignorais ces affinités. Je ne suis chargé que d'un message pour le comte de Rançou, ou le baron de Mortagne; je ne connais ces zélés royalistes que de noms, voilà tout. — Oh, ben! je vous ai appris toute leur filiation. A présent que vous voilà en face du pont-levis, faites-vous ouvrir; je vous ai mis en bon chemin, je m'en vas; adieu, seigneur chevalier. — Que le ciel te récompense, bon et loyal Français, qui me paraîs attaché à la bonne cause!

Le paysan revient sur ses pas, et dit à l'oreille du chevalier : Oh! moi, je me ferais hacher pour notre bon roi Henri. . . . ; mais, chut? tout le monde ne pense pas ici comme nous.

Il s'éloigne.

Le chevalier remarque que le pont-levis du château est fermé, et qu'il est entouré de trois côtés d'un large fossé plein d'eau. Le chevalier détache de sa ceinture son olifant (petit cor dont sonnaient les paladins et les chevaliers errans pour appeler et défier l'ennemi). Il le porte à ses lèvres et en sonne trois fois pour avertir qu'il desire entrer.

Le baron de Mortagne et ses deux amis, qui se promenaient sur la terrasse élevée, presqu'en face, tournent leurs regards vers lui, et paraissent

s'inquiéter

s'inquiéter de l'arrivée, ainsi que de la mise du chevalier qui est affublé en effet comme un véritable Lancelot du Lac. Le baron de Mortagne n'en ordonne pas moins qu'on baisse le pont-levis, et qu'on introduise cet étranger dans la grande galerie du château, où il va le recevoir.

On baisse le pont-levis, et le chevalier présente un mouchoir pour qu'on lui bande les yeux. On ne remplit point cette formalité chevaleresque, tombée en désuétude. Il paraît s'en fâcher, et baisse sa visière. On le conduit néanmoins auprès de Roland et de ses deux parens. Le chevalier lève sa visière, met un genou en terre, présente son épée, et fait signe qu'il desire qu'on éloigne tous les étrangers. Roland ordonne à ses gens de sortir, ce qu'ils font. Alors, le chevalier se relevant, fait à

Roland cette question : Sir de Mortagne, puis-je parler devant ces deux respectables vieillards? — Vous le pouvez, chevalier; l'un est mon oncle, et l'autre est presque mon parent : tous deux daignent m'honorer des avis de leur sagesse et de leur longue expérience.—Sont-ils dévoués au bon roi Henri?— Autant que moi-même! cela doit vous rassurer. Viendriez-vous de la part de ce grand roi? — Non, sir Roland. Il ignore ma démarche. Je vous suis envoyé par son plus humble et plus soumis serviteur, le fidèle Langlois. — Parlons bas? l'échevin, le prévôt des marchands de la ville de Paris? — Lui-même. Ce digne prévôt des marchands, vous le savez sans doute, ainsi que Brissac, gouverneur de cette capitale, sont dévoués à la cause du grand Henri; ils réunissent tous leurs efforts pour éclairer les faibles Parisiens, que Mayenne envenime tous les jours de plus en plus contre leur roi légitime. Langlois et Brissac font tout ce qu'ils peuvent pour grossir à chaque moment le parti du roi, et parvenir à lui ouvrir enfin les portes de sa capitale. Déjà la porte de Bussy, confiée aux habitans de ce quartier, qui ont demandé le droit de la garder, serait la première à recevoir le roi ; car, par les soins de Langlois, ses gardiens, ligueurs en apparence, sont tous royalistes au fond du cœur, et soupirent après l'arrivée de leur légitime souverain. Lisez au surplus ce message que Langlois m'a chargé de remettre, à vous, ou, en votre absence, au comte de Rançon, seigneur de ce château.

Roland prend la lettre, la décachète et lit :

« Fidèles amis du trône et de la » patrie, voici le moment d'agir : le » roi sera dans quelques jours à Anet; » il fondra bientôt sur les plaines » d'Ivry; Dieu et sa valeur lui pro» mettent sans doute des succès ; mais » la victoire peut rester encore in» certaine, si ses serviteurs, incon» nus jusqu'à présent, ne se dévouent » pour lui. Vous avez, m'a-t-on as» suré, rassemblé secrètement une » armée de quelques milliers de riches » propriétaires de vos provinces ; ces » hommes de cœur paraîtront quand » vous leur permettrez de se lever, » de se montrer? Ils ont même formé » entre eux une somme considérable » pour l'offrir à notre maître. Qu'ils » l'apportent eux-mêmes ; qu'ils s'ar» ment ; qu'ils viennent augmenter » l'armée du roi? Il a bien besoin » d'eux, ce bon roi ; car il manque

» d'argent, et les Suisses, qui ne sont » pas payés, menacent tout haut de » l'abandonner!... Vous voyez que les » momens sont pressans! Hâtez-vous » donc de former votre bataillon sa- » cré. Agissez encore dans le silence; » que cette levée se fasse à l'insçu des » ligueurs, si nombreux de vos côtés; » puis, montrez-vous, après, en corps » d'armée, mais seulement au mo- » ment de traverser les chemins qui » mènent de chez vous au grand corps » que commande sa majesté en per- » sonne. Faites ainsi au plus vîte le » rassemblement secret de ces fidèles » serviteurs, dont votre malheureux » frère, le comte Aldouin, a dû vous » confier la liste; accourez ensuite, » hommes, chevaux, mulets, avec ce » que vous pourrez emporter d'ar- » gent, de bagages, de fourrages et » de munitions.

» En attendant, envoyez-moi, et ceci » est pour la capitale, une vingtaine » seulement de vos braves chevaliers » de l'Hermitage Saint-Jacques, le capuchon sur la tête, le camail à coquilles sur le dos, le bourdon au » côté, et enfin le bâton à la main ; je » les répandrai dans Paris, et je leur » donnerai des instructions qui feront » un très-grand bien à notre cause si » sainte ! Vous savez ce qu'ils doivent » dire, ce qu'ils doivent faire pour ar- » river jusqu'à Paris ; je leur en ferai » ouvrir les portes, et j'ordonnerai » qu'ils me soient présentés. Le reste » sera mon affaire.... Vous m'enten- » dez ?... Bons et loyaux sujets du roi » mon maître, je vous assure que la » faction des Seize ne jouira pas long- » temps de ses grands pouvoirs. Elle » commence déjà à les disputer à » Mayenne, qui voudrait se les arroger

» à ses dépens. Nous pouvons tirer » grand parti de cette heureuse divi- » sion qui naît entre nos ennemis, et » que Dieu n'a suscitée sans doute » que pour faire triompher la cause » du petit-fils de saint Louis.

» Brûlez ma lettre, et agissez.

» LANGLOIS, *Prévôt des Marchands* » *de la ville de Paris.* »

« *P. S.* Vous pouvez confier votre » réponse à Robert, mon secrétaire » intime, qui vous remettra cette dé- » pêche ».

Roland examine ce Robert, et lui dit : Pourquoi ce déguisement, qui rappelle les chevaliers de la Table ronde, puisque vous êtes employé aux affaires civiles, secrétaire du fidèle Langlois ?

Robert répond: Ce déguisement m'était nécessaire. Il m'a fait traverser sans danger des villes fanatisées, même des camps de ligueurs ; je me suis donné partout comme un héros de l'antique chevalerie, qui avait fait vœu à la Vierge d'aller retirer, des mains des infidèles, sa belle, prisonnière en Alger. Chacun m'a regardé comme un fou. On s'est contenté de me rire au nez, et partout on m'a laissé passer sans me fouiller, ni me demander aucun papier. Sans ce costume de chevalier errant, je n'aurais jamais pu parvenir jusqu'à vous. — Et, pour retourner avec ma réponse, comment ferez-vous ? on se doutera bien que le chevalier errant n'aura pas eu le temps d'aller jusqu'en Alger et d'en revenir, sans sa belle surtout.

Robert montre la décoration de la Coquille qu'il porte sur son cœur, et répond : N'ai-je pas l'honneur d'être chevalier de l'Hermitage Saint-Jacques ? j'en prendrai l'habillement, et tout le monde me respectera. — A la bonne heure, je suis sûr maintenant de votre retour. Si notre ordre avait eu l'année dernière, lors de son établissement, autant de réputation qu'il en a aujourd'hui, Adalard en aurait pris comme vous le costume respectable, pour porter la dépêche secrète de mon frère au grand roi Henri, et personne n'aurait osé le fouiller, la lui ravir, tant on a à présent de vénération pour notre ordre, auquel on suppose une toute autre destination..... Fidèle Robert, en attendant que je vous charge d'une réponse pour le digne prévôt des marchands de Paris, restez ici quelques jours; reposez-vous-y des fatigues d'un voyage fait à pied et sous un accoutrement qui a dû vous peser; car voilà des cuissards, des brassards, une cuirasse, un heaume, une lance, qui sont bien lourds! — Sans compter les génuflexions que j'ai faites dans chaque église, dans chaque couvent que j'ai rencontrés sur ma route, et la fatigue de répondre d'une manière mystique, ou ridicule, à toutes les questions dont m'accablaient journellement une foule de curieux, que mon seul aspect faisait éclater de rire. Je feignais d'être insensé; on l'a cru, et je suis parvenu à mon but. — Je vais vous faire donner un appartement, et, dès aujourd'hui, vous pourrez quitter cette armure gothique; car tous mes gens sont à moi, à Henri, et prêts à perdre la vie, s'il le fallait, pour leur roi et pour leur maître.

Roland fit venir un domestique, à

qui il donna ses ordres, et le bon Robert se retira.

Quand il fut parti, Roland dit à ses deux amis : Nous voilà, plus que jamais, dans le plus grand des embarras : le roi est pressé d'hommes, d'argent; il compte sur nous pour lui en procurer, et il nous est impossible de tenir la promesse que mon malheureux frère lui a faite. Il avait la liste de nos camarades; il savait où était caché le trésor, et il est mort sans nous indiquer cette cachette, sans nous remettre cette liste! Il n'est pas présumable qu'il ait confié un secret aussi dangereux à sa femme, à sa fille. Seul, il savait où trouver cette liste, cet argent, dont il était dépositaire. Il m'en avait bien parlé; il m'avait même promis qu'il me ferait lire les noms de ces nombreux prosélites qu'il avait gagnés à la cause du roi ; mais il n'a pas eu le temps de tenir cette promesse. Son arrestation a presque suivi celle d'Adalard, et sa captivité a été si étroite, qu'il n'a pu nous écrire, encore moins nous donner des renseignemens sur cette précieuse liste. Ceux qui y étaient inscrits, craignant que la découverte, faite par nos ennemis, ne les perde, se gardent bien de venir me confier qu'ils fussent du nombre de ces braves. Tous tremblent qu'Antoine ou ses suppots ne trouvent cette liste de proscription ! il paraît cependant qu'elle n'est pas venue encore à la connaissance d'Antoine.

Hatton de la Touraille prend la parole : Antoine, dit-il, a pourtant fait faire et fait lui-même plusieurs perquisitions dans le château de Hautefère ; il s'est approprié, avec les grands biens qu'il renfermait, ce château qui appartenait à mon petit-fils, et devrait être l'héritage de sa fille Espérie, il a tout pris! S'il n'a pas trouvé encore cette liste, le trésor qui l'accompagnait, c'est qu'Aldouin les aura cachés avec le plus grand soin. — A-t-il eu le temps de le faire, interrompt le chevalier de Solminiac? Arrêté au moment où il y pensait le moins, aurait-il pensé, lui, à prendre ce soin important. Vous l'avez tous connu d'ailleurs; vous savez que, fort de sa conscience, exempt de timidité, de prudence même, il ne redoutait le danger que lorsqu'il y était tombé. Il se croyait sûr de ne pas succomber; il aura négligé de prendre la plus utile de toutes les précautions. — Cependant, répliqua Roland, nos ennemis n'ont encore rien trouvé. Oh! si cette fatale liste était tombée entre les mains d'Antoine, il n'aurait pas manqué de faire arrêter à l'instant tous ceux qu'elle désignait, moi le premier, et vous voyez qu'il n'a point agi hostilement envers moi, jusqu'à présent. Il me croit simple hermite de Saint-Jacques, occupé de dévotions, de momeries, comme chaque membre de cette réunion a l'air de l'être; il ne soupçonne pas que nous osions nous prononcer en la moindre chose contre son parti et ses opinions. Il n'a donc point trouvé cette liste?.... Quoi qu'il en soit, la mort d'Aldouin et l'absence de cette liste nous empêchent d'offrir au roi ce dont il a si impérieusement besoin en ce moment. Que répondrai-je à Langlois?.... Je ne puis que lui envoyer les vingt chevaliers qu'il me demande, et encore il faut que j'aille les choisir à l'Hermitage Saint-Jacques même. — Il faut, repart Hatton de la

Touraille, que nous y allions de toutes les manières. Nous l'avons promis à Geoffroy de Rançon, qui est parti, avant-hier matin, pour s'y rendre, et vous savez quel motif puissant et sacré nous y appelle tous comme lui!....

Roland paraît occupé d'une autre réflexion qui le frappe à l'instant. Il reste un moment silencieux, puis il dit : Je suis bien inquiet d'Adalard; oui, je suis étonné qu'il ne m'ait pas donné encore de ses nouvelles, soit par un exprès, soit autrement. Il me promet que son génie inventif lui fournira les moyens de briser les fers de ma nièce Espérie, de me la ramener. En conséquence, je laisse partir Geoffroy de Rançon, mon fils Hunold, et Landry, pour le Béarn. Lui, il reste à Cahors; il m'assure qu'il m'instruira, jour par jour, du succès de ses démarches, et voilà le troisième jour que je n'entends pas parler de lui. Il est ingénieux, adroit, heureux même dans tout ce qu'il entreprend ; mais, cette fois, le sort peut avoir trompé son adresse. S'il n'a pas réussi, il est peut-être dans les prisons d'Antoine, et je tremble sérieusement pour sa vie.... Dès aujourd'hui, je retourne à Cahors, je m'informe à la tour du sort d'Espérie, de celui d'Adalard, et si je n'ai pu sauver les jours de mon frère, de ma belle-sœur, je ferai tous mes efforts du moins pour empêcher qu'on n'attente à la vie du plus fidèle de mes serviteurs !

Paix ! interrompt le chevalier ; il nous vient encore une visite, on a sonné à la poterne du fossé.

Il court à une fenêtre, observe, et continue : On baisse le pont-levis... Une jeune fille entre, accompagnée de trois. . . . . C'est Adalard ! et sans doute Espérie. Mon neveu! que vos inquiétudes cessent; Adalard revient et vous ramène ce que vous avez maintenant de plus cher au monde. —Est-il possible! s'écrie Roland transporté de joie.

Il sourit en ajoutant : Cet écuyer est d'une adresse! Il lui suffit de vouloir pour réussir.

Espérie, Adalard et Landry sont bientôt dans la galerie, aux genoux du sensible Roland, qui laisse tomber de ses yeux quelques larmes de sensibilité en serrant dans ses bras une nièce chérie, que la barbarie des hommes a rendue orpheline!

Espérie verse des pleurs, colle ses lèvres sur la main de son oncle en s'écriant : mon oncle! je vous revois encore : Hélas! vous êtes maintenant mon père, ma mère, toute ma famille! Oh! daignerez-vous me servir de père? —Ma fille, ma fille chérie! oui, je serai ton père, ton protecteur, ton appui, tout pour toi!... Adalard, toi qui me la rends, que puis-je faire pour te récompenser d'un pareil cadeau? — Ne suis-je pas assez récompensé, répond Adalard, les larmes aux yeux, puisque je suis témoin de la félicité que vous goûtez tous en cet heureux moment!

Espérie ne peut se lasser d'embrasser son oncle, de le serrer sur son cœur. Mon oncle, dit-elle, ce bonheur dont je jouis sera-t-il de longue durée? Des méchans ne m'arracheront-ils pas de vos bras? Nous avons affaire à des ennemis bien cruels! — A propos de ces ennemis, répond Roland, ta présence me les fait oublier, me diras tu, Adalard, comment tu as fait pour leur enlever cette victime que sans doute ils voulaient joindre à ses malheureux parens!

Adalard lui rend compte du moyen qu'il a employé ; il n'oublie aucuns des détails, pas même ceux des dangers qu'ils ont courus dans l'auberge incendiée. Puis il ajoute: les preuves de la trahison d'Antoine, preuves authentiques et que j'ai sauvées des mains de ces traîtres, je les ai, seigneur, et, quand vous les aurez examinés, vous verrez l'usage que votre prudence vous indiquera d'en faire. — Dans un autre moment, mon cher Adalard ; pour celui-ci, je ne veux m'occuper que de ma nièce, de ma chère Espérie, qui a dû bien souffrir ! —De toutes les manières, mon oncle. —Oh ! je le crois ; ton malheureux père massacré sous tes yeux !... —Je vois, je vois encore cette scène affreuse. —Et ta mère !... t'a-t on instruite du sort douloureux de ta mère infortunée? —Hélas ! on ne m'a que trop dit que le fatal couteau du crime avait tranché ses jours précieux. — Oui... on ne t'a dit que cela? —Eh! mon oncle, n'est-ce pas assez, bon Dieu ! que pouvait-on m'apprendre de plus ! —Pauvre enfant!

Roland baisse les yeux vers la terre, soupire, et bientôt il regarde sir Hatton et le chevalier son oncle, qui lui font un signe auquel Espérie, étonnée, ne comprend rien.

Adalard, surpris de son côté, s'écrie : y aurait-il quelque chose de nouveau? Vous semblez tous, seigneurs, garder un secret qui blesserait bien ma délicatesse s'il en était un pour votre humble serviteur?

Roland lui répond : que voulez-vous qu'on vous cache, Adalard? La comtesse Isabelle est morte; elle n'est plus pour sa fille, pour nous, pour tous ceux qui lui étaient chers.

N'auriez-vous pas sçu les détails de sa triste fin ? — Je n'ai pu les savoir. Vous, nos amis et moi, nous nous étions réunis dans la plaine de Corjac, dans l'espoir d'opérer un soulèvement, de sauver la victime en excitant une rumeur, en fondant sur ses bourreaux. Isabelle est traînée au fatal billot.... Nous attendons le signal promis..... Personne ne le donne ; apparement que la terreur glace le courage de nos compagnons d'armes. Je vois qu'il faut perdre tout espoir de sauver la comtesse !... l'orage se déclare : j'aperçois Frédégond qui cherche à se sauver comme tout le monde ; je m'attache à sa poursuite ; je ne m'occupe que du soin de lui arracher l'ordre de sortie d'Espérie. Je viens de vous dire le reste. En me sauvant à mon tour, je rencontrai deux des nôtres qui, courant aussi à toutes jambes, me crièrent de loin : le rendez-vous est en Béarn, Hunold et Landry vont s'y rendre !

Hunold et Landry, replique Roland, sont en effet partis, cette nuit-là même, pour le Béarn. Nous sommes revenus ici, suivant la promesse que je t'en avais faite en t'engageant à y conduire Espérie, si tu avais le bonheur de la tirer de sa prison. Le lendemain, dès la pointe du jour, le comte Geoffroy de Rançon nous a quittés pour aller rejoindre son fils et nos amis, dans le Béarn aussi. Voil... voilà tout.

On voyait que Roland hésitait à prononcer ce *voilà tout*, et que la présence seule d'Espérie l'empêchait de donner d'autres détails à son fidèle écuyer. Celui-ci, qui savait avoir toute la confiance de son maître, comprit qu'il voulait cacher quelque chose à sa nièce, et espéra dès-lors que son maître ne lui en ferait pas long-temps un mystère. Ainsi, ma chère nièce, continua Roland, tu ne peux plus compter sur les soins de ton père, de ta mère ; il ne te reste donc plus que moi ! tu les retrouveras mon enfant, dans ma protection, dans ma vive tendresse et dans tous mes sentimens pour toi.

Espérie vit bien qu'on lui dissimulait quelque chose ; mais elle avait trop de respect pour son oncle pour le presser de questions indiscrètes, elle se livra avec effusion au bonheur de revoir cet oncle, d'être enfin sous sa protection ; mais sa joie fut toujours troublée par les larmes de regrets que lui coûtait le souvenir des auteurs de ses jours. Elle demanda si elle reverrait aussi bientôt son aïeul, le bon Geoffroy de Rançon ; puis elle ajouta en hésitant : et votre cher fils, mon cousin Hunold ? —Il n'y a pas d'apparence, ma fille, lui répondit Roland, que ton aïeul revoie de long-temps ce château (*il soupire !*) quant à mon fils, il va lui tenir compagnie jusqu'à notre arrivée qui, ne tardera pas ; car, sous très-peu de jours, nous nous mettrons tous en route, pour aller les rejoindre au pied des Pyrénées... Ton cœur bat ; ton œil s'anime ; l'espoir de revoir Hunold t'offre quelque consolation. C'est bien, mes enfans, aimez-vous ; j'approuve vos innocentes amours, et je brûle, comme vous, de voir arriver le moment où je pourrai les sanctifier aux pieds des autels.

Cette promesse, cet espoir répandirent un peu de sérénité dans l'ame de la jeune comtesse de Hautefère. Elle baisa la main de Roland, en lui répondant

répondant : c'est alors que le meilleur des oncles deviendra tout-à-fait mon père !

Roland se leva, et, tandis que le vieux Hatton de la Touraille prodiguait à son tour les plus tendres carresses à la petite fille de sa fille, la belle Isaure, Roland prit Adalard dans l'embrasure d'une croisée, lui parla long-temps bas avec feu, et sembla lui raconter quelque chose de si étonnant, qu'Adalard, fronçant le sourcil, ouvrant les yeux et la bouche d'un air d'effroi, parut en être vivement frappé. Rolland, après lui avoir long-temps parlé ainsi, ajouta d'un ton de voix un peu moins bas : le plus fort coup est frappé ! laissons cette enfant s'en remettre peu-à-peu, et ne déchirons pas de nouveau son ame ulcérée par la connaissance de ce malheur que nous lui dissimulerons le plus long-temps possible. — Au moins, répondit Adalard, jusqu'à ce qu'elle ait repris assez de forces pour n'y pas succomber.

Espérie entendit à-peu-près toute cette fin de leur conversation. Sa curiosité en fut piquée ; mais elle savait la réprimer, persuadée de la prudence de son oncle, qui ne pouvait agir, en toute chose, que pour son bien.

La journée se passa à donner à la fille d'Aldouin une espèce de petite fête de famille, à lui préparer un appartement commode, à la mettre en un mot en possession des objets utiles dont elle avait été privée, pendant sa captivité, ses geoliers la laissant presque manquer de tout. Elle vit, aux repas, le zélé secrétaire du loyal prévôt des marchands de Paris, et on lui apprit le but de sa mission.

Il fut convenu qu'il s'en irait le lendemain, et que le sir de Mortagne le chargerait d'une réponse pour son maître.

Le soir même, et pendant qu'il était monté se reposer, on tint conseil devant Espérie, sur la manière dont on ferait cette réponse. Encore une fois, le trésor et la liste des braves citoyens qui s'étaient inscrits pour former un corps auxiliaire de volontaires royaux, on n'avait rien de tout cela. Il fut décidé que Roland répondrait à Langlois la vérité; qu'il lui dirait que le comte Aldouin est mort sans avoir confié à qui que ce fût cette liste précieuse, non plus que l'or qui l'accompagnait; que lui Roland allait faire tout son possible pour les découvrir, et qu'en attendant il partirait pour l'Hermitage Saint-Jacques, afin d'y choisir vingt chevaliers de cet ordre, et de les envoyer sur-le-champ au digne magistrat qui les demandait.

Roland écrivit cette lettre à l'instant, avant de se livrer au repos, et le lendemain matin, Espérie vit paraître Robert revêtu, non de son armure ridicule de chevalier errant, mais du respectable vêtement que portaient en public les chevaliers de Saint Jacques, lorsqu'ils ne voulaient passer que pour des Pélerins. La décoration de la coquille, avec la légende sacrée : *Dieu, le Roi et la Patrie*, était cachée dans leur sein ; mais ils avaient des coquilles sur leur camail, comme tous les pélerins qui allaient autrefois à Saint-Jacques de Compostelle. Leur mise était à peu-près la même; dévots, priant Dieu sans cesse, et criant avec soumission *vive le Roi*, ou *vive la Ligue*, suivant le parti entre les mains duquel ils tombaient, ils se tiraient toujours d'affaire, et d'ailleurs on n'osait même pas les interroger, lorsqu'ils montraient une espèce de diplôme, ou brevet, signé du grand prieur de la sainte communauté de l'Hermitage Saint-Jacques. Nous connaîtrons par la suite le grand prieur, et nous saurons quels étaient les statuts ainsi que la véritable destination de ces zélés royalistes.

Roland, qui était un des chefs de cet ordre, montra à sa nièce sa décoration. Elle était plus grande que celle des simples chevaliers; c'était de même la légende, la coquille; mais, dans le fond de cette large coquille, on voyait un petit enfant couché sur un riche tapis, parsemé de fleurs de lis. C'était, comme on l'a déjà dit, une heureuse application à l'écaille qui servit de berceau au bon roi.

Robert, après avoir pris ses instructions et bien caché sa lettre, se remit en route, son capuchon bien enfoncé sur son nez, afin qu'on ne reconnût plus en lui le chevalier insensé dont les folies avaient tant fait rire dans toutes les villes qu'il avait traversées pour venir en Guienne.

Toute la famille étant réunie, le soir, dans le cabinet secret du château, qui donnait sur la campagne..., il est nécessaire de décrire ce cabinet. On y entrait par une porte pratiquée dans une boiserie et invisible à l'œil. Ce cabinet, situé dans une tour, avait une seule croisée grillée qui donnait sur la campagne; et cette tour n'était entourée, dans le bas, ni d'eau, ni de fossés, en sorte qu'on approchait sans obstacle de son mur épais. Là, il y avait une porte de fer qu'on ouvrait en dedans, et par laquelle on pouvait sortir dans les champs environnans. Cette vieille construction avait servi autrefois de lieu de défense, de retraite ou d'attaque, dans les guerres pour ou contre les Albigeois.

La famille donc y étant rassemblée, on entendit le chant d'un oiseau, qui approchait de celui du rossignol.... Voilà le signal, dit Hatton de la Touraille! Roland, allez ouvrir à mes amis, et introduisez-les ici; qu'ils fassent connaissance avec notre chère Espérie?

Roland descendit un petit escalier de pierre, fait en spirale, ouvrit lui-même la porte de fer, la referma bien exactement, et on le vit remonter, accompagné de deux vénérables ecclésiastiques. Voilà, messieurs, leur dit-il quand ils furent entrés, ma nièce Espérie que le ciel m'a renvoyée. — Graces lui soient rendues, répondit le plus jeune, pour avoir conservé ce trésor d'innocence, de candeur et de beauté !

Roland, s'adressant ensuite à sa nièce, lui dit : Tu vois, mon enfant, le respectable prieur et l'un des chanoines de la collégiale de Notre-Dame de Roquamadour. Loin de céder, comme tant d'autres prêtres, aux préjugés de leur croyance, quoique catholiques enfin, ils ont horreur du fanatisme, et sont, secrètement, les amis des protestans ; c'est te dire assez qu'ils sont zélés royalistes. Tout leur bonheur serait de voir monter sur le trône de ses ancêtres, un roi qu'y appellent seul sa naissance, ses droits et les vœux unanimes des véritables Français. Votre aïeul, le comte de Rançon, propriétaire de ce château, a le bonheur, quand

quand il est ici, de les recevoir tous les soirs. M. le chanoine, que voici, possède une espèce de flageolet, qui imite le chant des oiseaux. C'est le signal pour qu'on lui ouvre la porte secrète ; personne du château ne sait ainsi ni leurs visites, ni les entretiens que nous avons avec eux. Nous pouvons bénir notre bon roi, former des souhaits, des projets même pour ses succès, sans qu'aucun délateur, s'il y en avait ici, puisse nous nuire. Nous allons lire à ces dignes Français la lettre du prévôt Langlois, la réponse que je lui ai faite ; puis nous visiterons ensemble ces papiers saisis par Adalard, et qui donnent les preuves d'une conspiration tramée par Antoine de Haut-Castel contre son maître, le dernier des Guises.

Ces papiers, examinés avec la plus scrupuleuse attention, ne laissaient aucun doute sur la perfidie d'Antoine. Il devait se rendre à l'armée de Mayenne, le frapper lui-même, et se faire proclamer sur-le-champ lieutenant-général à sa place. Tous ses complices, dont une partie entourait encore le duc, étaient nommés; on y voyait figurer son neveu Frédégond, des généraux et trois membres de la faction des Seize. Antoine avait des intelligences partout, jusque dans Paris; ses immenses richesses lui avaient soudoyé un parti nombreux; il était tout prêt enfin à frapper ce grand coup. Cet homme, s'écria le père prieur, est le plus grand scélérat qui existe; il trahit jusqu'aux siens. Que comptez-vous faire de ces papiers, sir de Mortagne?

Roland répond : Je les porterai moi-même au duc de Mayenne, et je lui dirai : Quand ton ami le plus intime voulait t'arracher la vie, c'est ton ennemi le plus déclaré qui te la sauve ; tiens, prends et lis. — Ce projet est d'un brave, mais si, abusant de ce qu'il vous tiendrait en sa puissance, Mayenne allait !..... — Je n'attendrai pas sa réponse ; j'irai sur-le-champ le combattre en me réunissant à mon roi, à ses loyaux défenseurs. — Mais.... — Point d'objections, je vous prie. Je pars après-demain pour l'Hermitage Saint-Jacques, où j'ai des ordres à donner ; après quoi, je vais trouver Mayenne et je lui signale le traître de Haut-Castel. Ensuite, je ne reviendrai plus dans ces contrées que lorsque Henri sera reconnu roi de France, dans les murs de Paris ! — Ce zèle est bien louable ! — Monsieur le prieur, j'ai eu, la nuit dernière, une vision qu'il faut que je vous fasse connaître.— Parlez, guerrier aussi grand que vaillant?

Roland continue ainsi. J'étais dans les plaines d'Ivry; Henri IV y campait avec son armée (cela n'est pas encore fait; mais les songes vous offrent souvent, comme terminées, des choses dont vous n'avez qu'entendu parler). Il daignait s'entretenir familièrement avec moi; il me parlait enfin avec sa bonté accoutumée. Moi, soumis, respectueux, je lui disais: Sire, que le bras de votre humble serviteur n'est-il assez puissant pour vous venger de tous vos ennemis! S'il pouvait d'un seul coup abattre leurs têtes coupables! . . . . Mais son épée est trop faible pour opérer ce miracle!

« Je tenais mon épée; je l'agitais, je m'en escrimais..... Tout-à-coup, a paru, du côté de l'orient, une lumière éclatante ; un guerrier, armé de toutes pièces, est descendu sur un nuage de pourpre et d'azur.... Je suis, m'a-t-il dit, ce fameux chevalier, ce neveu de Charlemagne, ce Roland enfin, dont les exploits vous ont souvent servi de guides et de leçons. Toi, guerrier qui porte mon nom, loin de te décourager, persiste dans le beau dessein qui t'enflamme, d'applanir la route du trône de France à ce digne petit-fils de Saint Louis ? C'est le choix qu'a fait l'Eternel, et il m'envoie vers toi pour t'aider à le faire accepter par les aveugles humains. Tu connais ce *Durandal*, qui s'est rougi tant de fois du sang des ennemis des Français ? Je te le donne, il est à toi. Tout ce que frappera cette épée tombera sous tes coups !

» Ainsi parla le brave Roland, et

tout ce tableau disparut soudain de mes yeux..... Digne prieur, si c'est l'avis, si c'est la volonté du ciel, vous seul pouvez l'exécuter. Votre église possède ce *Durandal* si célèbre, cette épée miraculeuse, veuillez en armer mon bras, et le bon roi entre dans Paris! »

Le vénérable prieur réfléchit un moment, et dit : Si j'étais aussi superstitieux que vous paraissez me soupçonner de l'être, sir de Mortagne, je pourrais croire à votre vision; mais vous me permettrez de n'y voir qu'un moyen adroit de me demander une chose, qui me coûterait beaucoup à vous accorder! cette épée!...... on la tient ici de Charlemagne qui lui-même en fit don à notre collégiale, tandis qu'il fit inhumer son neveu à Blaye! Cette épée attire chez nous beaucoup de dévots qui ne laissent pas que d'y répandre d'abondantes aumônes ; en outre de ce qu'il est curieux de posséder un objet aussi rare, aussi précieux, c'est un bien pour une église, qui en retire un très-grand bénéfice. Voilà de puissantes considérations, sir de Mortagne !.... Qu'en dit mon collégue ?

Le chanoine, interrogé par son chef, répondit : Sans doute l'épée de Roland est pour nous d'un grand intérêt, et le sir de Mortagne a prouvé, dans vingt batailles, que la sienne lui suffit pour faire des prodiges de valeur !.... Si l'on savait cependant que, par un décret de Dieu, la vertu de cette épée fût capable dans ses mains, d'abréger les horreurs de la guerre, en terminant plutôt la longue résistance des ligueurs ! Si elle doublait, ce qui est difficile, la valeur du sir de Mortagne ; si enfin sa vision est réelle, et qu'elle soit un avis du ciel, on pourrait lui confier momentanément cette précieuse arme. Ce fut à un pareil moyen que Jeanne d'Arc dut ses succès ; qui sait si ce second Roland n'est pas, comme elle, appelé à terrasser les ennemis de la France et de son roi ! Mon avis, monsieur le prieur, est qu'on lui confie cette épée, qu'il est incapable de perdre, ou d'égarer dans les combats.

Le vieux prieur secoue la tête, et réplique : Nous nous ferons un grand tort, si nous cédons à son desir. Eh ! comment nous excuserons-nous sur l'absence de cette relique ! — Nous dirons.... nous dirons qu'un ange est venu l'emporter nuitamment, et, quand le sir de Mortagne nous l'aura rendue, nous publierons encore que le même ange est venu la rapporter. — Moyen usé, qui ne réussirait plus aujourd'hui. — Il prendrait aujourd'hui mieux qu'en aucun autre temps. Ne voyez-vous pas que le fanatisme excite partout des processions, des miracles, des momeries parmi les ligueurs! — Non, non, je ne veux pas à mon tour agir en fanatique, si je cédais au vœu du sir de Mortagne, moi, j'aurais un autre prétexte, plus plausible, plus croyable, à donner aux fidèles. — Lequel, M. le prieur? — Je vous le dirai, mon ami, si nous en venons là.....; mais c'est que nous priver d'un objet aussi important pour nous!.....

Roland réplique: Songez, monsieur le prieur, que ce n'est que pour quelque temps, pour un mois tout au plus? — Vous avez donc une bien grande confiance en cette épée? — Si grande que je ne crois réussir que par elle. — Votre valeur pourtant n'a pas besoin. . . . — Ma valeur ne peut que doubler avec un pareil talisman! — Permettez-moi de vous dire?. . . . . — Vous aimez Henri? — Je l'aime, je l'admire et je plains ses sujets de ne pas s'empresser d'appeler un roi que le ciel a formé exprès pour les rendre heureux. — Ne seriez-vous pas ravi de pouvoir contribuer en quelque chose à l'entrée triomphante d'un si bon roi dans sa capitale? — Je serais au comble de mes vœux! — Si ma vision qui, nonobstant vos doutes, est réelle, très-réelle, est un avis de Dieu, qui m'assure que je puis hâter le jour de cet heureux événement, pouvez-vous, devez vous en entraver l'exécution? — Je sens bien.... — Cédez, digne prieur ; confiez-moi cette épée, je sens déjà qu'elle me rendra invincible !

Le bon prieur résista faiblement encore quelques instans ; puis enfin il promit de livrer, au sir de Mortagne, la redoutable épée du plus grand des paladins. Il fut convenu que la cérémonie de ce prêt si important aurait lieu, le lendemain, à minuit, dans le caveau même du cénotaphe du héros sur lequel son *Durandal* était couché. Cela décidé, les deux ecclésiastiques se retirèrent avec le même secret qu'ils étaient venus.

Espérie passa une nuit un peu moins agitée que la dernière. Elle était enfin près de son oncle, près de ce Roland de Mortagne, qu'elle était habituée à aimer, à respecter dès son enfance, et que ses parens lui avaient toujours signalé comme un homme aussi entreprenant que ferme, prudent et courageux. C'était un héros dans les combats, c'était un sage dans la retraite. Avec un pareil appui, Espérie pouvait-elle redouter de nouveaux malheurs? Mais si elle pensait n'avoir plus à en craindre, ceux qu'elle avait essuyés déjà suffisaient bien pour jeter sur le cours de sa vie une amertume et des regrets éternels. Espérie était orpheline, les auteurs de ses jours avaient succombé sous les coups de la barbarie la plus odieuse. La mort de son père ne pouvait jamais s'effacer de sa mémoire, et celle de sa mère, plus récente, avait fait à son cœur une plaie plus douloureuse peut-être, et qui ne devait jamais non plus se fermer. Si ses peines devaient finir, la mesure en était comblée; il ne restait plus, dans son ame ulcérée, de place pour de nouveaux regrets, et ses yeux, vides de larmes, n'en avaient plus à répandre. Le peu de pleurs que ces tristes yeux pouvaient encore verser par la suite ne devait être consacré qu'à la mémoire de ses parens infortunés. Le malheur ne pouvant accroître ses chagrins, le bonheur ne pouvait les effacer; dans la plus grande prospérité, remontée au rang le plus brillant, elle eût été comblée par la suite de tous les biens qui font le charme de la vie, Espérie n'eût pu chasser de son cœur le chagrin mortel dont il était accablé pour jamais!.... Ainsi, lorsqu'un insecte vorace a commencé à ronger le bois naissant d'un arbrisseau, si l'arbuste résiste à cette morsure, s'il peut devenir, à son tour, en croissant, un arbre majestueux, il porte toujours la plaie qu'il a reçue dans sa tendre enfance; plaie, qui à mesure qu'il a grandi, est devenue plus étendue, plus profonde et plus ineffaçable.

Après s'être livrée à ces tristes réflexions, Espérie, au point du jour, appela en vain la femme du concierge, que son oncle lui avait donnée pour la servir, et qui avait passé cette nuit comme la précédente, dans une pièce à côté de sa chambre à coucher : cette femme n'y était plus. A sa place, Espérie vit paraître à ses yeux une autre personne, jeune encore, dont les traits étaient doux, mais portaient la trace du malheur et d'une longue habitude des larmes. Jeune comtesse de Hautefère, lui dit cette femme, c'est moi qui désormais, et par le choix du baron, votre oncle, dois avoir l'honneur de vous servir de femme-de-chambre; heureuse si ma fidélité, mon zèle et la respectueuse affection que je vous ai vouée, peuvent me mériter, dans votre cœur, un titre plus honorable, celui d'une amie à qui vous daigniez accorder toute votre confiance. Ma naissance n'est pas égale à la vôtre; mais elle n'en est pas moins au-dessus du commun. Quant à mon nom, s'il est ignoré de vous, il fut connu, hélas! de la comtesse votre mère. J'eus à remplir le douloureux devoir de lui servir de compagne dans sa triste prison, au château de Haut-Castel, quelque temps avant qu'elle ne sortît pour... Mes larmes coulent!... Oh! oui, elle a bien connu la fidèle Sergie!

Espérie répond : Madame, vos pleurs vont rouvrir la source des miennes. Eh bien! pleurons la ensemble cette mère adorée!

Sergie réplique, en essuyant ses yeux : Je n'étais certainement pas venue dans l'intention de vous rappeler une perte aussi cruelle... Je n'ai pu m'empêcher...., en voyant une jeune personne aussi accomplie!... La comtesse votre mère me l'avait bien dit, mademoiselle, et tout le monde m'avait assuré comme elle, que vos traits annonçaient la douceur, la bonté; que vous étiez un modèle de beauté, de graces et de perfections. — Trève, je vous prie!.... J'oublie le nom que vous venez de prononcer, il est tout à fait étranger à mon oreille.

Sergie se remet et réplique : Il doit l'être, mademoiselle; vous ne pouvez pas savoir que mon père, le sir de Sergie, fut écuyer du vieux comte Gabriel, votre aïeul de père, élevé par ce bon Gabriel et comblé de ses bienfaits. Après la mort de ce comte, mon père passa au service de sa sœur, qui avait épousé le baronnet de Haut-

Castel,

Castel, père du méchant qui fait aujourd'hui notre malheur à tous. Mon père était resté garçon jusqu'à ce moment. Il épousa, à soixante ans, une héritière assez riche qui lui apporta une terre située dans les domaines d'Antoine. Ce méchant Antoine conçut pour moi une passion à laquelle je ne voulus jamais répondre. Après de vaines protestations d'amour, il en vint aux menaces. J'implorai alors la protection de votre père, du baron de Mortagne, votre oncle; mais leur crédit ne fut pas capable d'empêcher le monstre d'accomplir ses coupables projets; il nous fit arrêter, mon père et moi (je n'avais plus de mère alors). Nous fûmes plongés dans les cachots de son propre château, et il osa mettre la vie de mon père au prix de mon déshonneur!... L'amour filial fit taire en moi toute autre considération;

j'eus la faiblesse de céder!.... Le scélérat n'en fit pas moins périr mon père; il s'empara de tous nos biens, qu'il possède encore, et, malgré mes larmes, mes cris, mon désespoir, il me garda toujours prisonnière, piqué de nouveaux refus de ma part. Grand dieu! c'était déjà trop d'une faute inutile, sans y en ajouter d'autres qui eussent fait frémir la nature!.... Ce fut à cette époque qu'il me donna pour compagne à la comtesse Isabelle; mais il me menaça de m'ôter la vie lui-même, si j'osais lui nuire en aucune manière dans l'esprit de sa prisonnière, si je témoignais même pour elle trop d'égards et trop d'humanité. Mon rôle était embarrassant; je m'en acquittai de manière à mériter, j'ose le dire, quelques regrets de votre excellente mère, lorsqu'on la priva de mes faibles consolations.... Depuis,

Antoine, voyant que je ne lui étais plus bonne à rien, me mit, heureusement pour moi, à la porte de son repaire, et, seule maintenant sur la terre, sans biens, sans argent, privée de tout, je suis venue me jeter aux pieds de votre bon oncle, qui a bien connu mon père. Le digne sir de Mortagne a daigné m'accueillir avec cette extrême indulgence qui le caractérise, malgré ma faute, qu'il a attribuée avec raison à un sentiment irréfléchi d'amour filial qu'un misérable tel qu'Antoine, incapable de tenir sa parole d'honneur, ne pouvait ni admirer, ni récompenser. Le vertueux Roland a bien voulu m'admettre au nombre de ses domestiques, en me disant : Sergie, pauvre Sergie ! tu serviras ma nièce. Je suis charmé qu'elle ait auprès d'elle une personne qui ait connu sa mère, avec qui elle puisse avoir la douce satisfaction d'en causer.

Oncle excellent, s'écria Espérie! quelle délicate attention! il ne pouvait pas en effet me faire un cadeau plus précieux. Oui, Sergie, nous causerons de ma mère; nous en parlerons tous les jours; vous me répéterez ce qu'elle vous disait dans sa prison, et moi, je vous ferai le détail des nombreux bienfaits que j'ai reçus d'elle dès ma tendre enfance. N'est-ce pas, Sergie, que nous parlerons de ma mère, et que ce sera le sujet continuel et le plus touchant de tous nos entretiens?

Sergie, émue jusqu'aux larmes, se jeta sur une main de l'orpheline, qu'elle couvrit de baisers... Espérie la prit dans ses bras, la serra contre son cœur, et ces deux personnes, qui ne se connaissaient pas une minute avant leur entrevue, se livrèrent sur-le-champ à une vive, à une éternelle affection. Le sentiment venait de sceller cette union de son cachet irrésistible; toutes deux regrettaient le même objet, toutes deux devaient s'aimer.

Roland de Mortagne entra alors dans l'appartement de sa nièce. Eh bien! dit-il en souriant de l'air le plus satisfait, avez vous fait connaissance ensemble? N'est-ce pas, ma nièce, qu'il n'a fallu qu'un mot pour cela?

Espérie se jeta au cou de Roland : ô le meilleur des oncles! dit-elle, ô mon second père! que ne vous dois-je pas pour tant de bontés! Vous me donnez pour compagne la compagne de ma mère, celle à qui elle a parlé si souvent de sa fille chérie, oh! mon oncle, quels plus grands bienfaits dois-je attendre de votre tendresse, si c'est ainsi que vous commencez à me traiter, dès mon entrée chez vous ! Sergie... — Je t'en réponds, Espérie. Elle est fidèle, attachée, vertueuse, oui vertueuse, quoique le malheur l'ait conduite à une faute que tu ne dois pas connaître, attendu que tu ne la comprendrais pas.

Espérie, que cet instant de bonheur ramenait à la candeur, à la simplicité de son âge, répondit en souriant : Oh ! mon oncle, elle m'a tout conté ; elle m'a bien fait sentir ce que c'était que cette faute-là ; c'est qu'elle a dit à ce méchant Antoine qu'elle l'aimait, et qu'elle l'aimait autant qu'il desirait de l'être. N'est-ce pas cela, mon oncle ?

Roland de Mortagne sourit légèrement, en regardant Sergie avec des yeux qui semblaient lui dire : *Vous avez eu tort d'entrer dans ces détails avec une enfant.* Au surplus, il vit qu'elle n'avait rien dit de trop, et que l'innocence s'explique toujours, suivant la pureté de son ame, des mots douteux, qu'elle ne cherche pas même à comprendre, parce qu'elle croit en deviner le sens. Il répondit à sa nièce : Tu as fort bien entendu, mon Espérie. Sa faute..... — Mon oncle? on fait donc un grand mal quand on avoue à quelqu'un qu'on l'aime? — Quand on l'aime en effet, non. Mais Sergie ne pouvait pas aimer Antoine; elle l'a trompé quand elle a voulu l'en persuader. Il est vrai que c'était pour sauver les jours de son père, que ce scélérat n'en a pas moins sacrifié. Ta mère aurait cédé à la même faiblesse que Sergie, que le misérable l'aurait perdue également. — Oh! c'est qu'un méchant pareil se rend justice; il ne peut jamais au fond du cœur se persuader qu'on puisse l'aimer, quand on le lui jurerait cent fois par jour. —Tu as raison ; mais changeons de propos. A compter de ce moment, ma nièce, Sergie est à toi. Reçois d'elle tous les services que son emploi et son zèle l'obligent à te rendre ; mais n'oublie jamais, si tu en éprouvais quelques mécontentemens, qu'elle est d'un sang presque aussi distingué que le nôtre, et que des malheurs, qu'elle n'a pu éviter, l'ont seuls abaissée aux fonctions qui lui sont imposées auprès de toi. — Mon oncle, cet avis.... pardon ? il blesse l'ame de votre nièce qui, dans aucun temps, n'a connu, et ne connaîtra jamais la dureté, la hauteur, encore moins cette aigreur de caractère qui amène le reproche et la menace. Sergie sera mon amie. — Bien cela. Sergie d'ailleurs remplira, j'en suis

sûr,

sûr, ses devoirs, sans abuser du titre que lui donne ma nièce, ni de sa douceur envers elle. Sergie? Vous savez ce que je vous ai recommandé? N'y manquez jamais sans mon ordre? Nous ne saurions trop longtemps ménager cette ame candide, aimante et trop sensible! — Seigneur de Mortagne, répond Sergie avec noblesse, vous avez reçu mon serment, il est sacré.

Roland sortit, après avoir tendrement embrassé sa nièce et serré la main de sa compagne.

Toute la journée, Espérie montra plus de sérénité. Quelques sourires s'échappèrent même de sa jolie bouche. On voyait qu'elle était disposée à recevoir des consolations de la part d'une femme fidèle qui déjà en avait prodigué à sa mère.

Le soir, comme elle se trouvait

seule avec Sergie, Landry vint les chercher toutes deux pour les conduire chez le prieur de la collégiale de Roquamadour. Voici comment elles furent introduites dans la demeure de ce digne ecclésiastique.

L'église n'était pas encore fermée, quoiqu'il fût tout à fait nuit. Espérie et Sergie, guidées par Landry, y entrèrent, et virent, à la lueur d'une simple lampe qui brûlait devant la chapelle de la Vierge, quelques fidèles prosternés et priant avec ferveur. Landry fit placer les deux dames chacune aux prie-dieu de droite et de gauche d'un confessionnal, comme si elles se disposaient là à approcher du tribunal de la pénitence. Le prieur entra dans l'église par la sacristie, et vint se placer dans le confessionnal, faisant semblant d'écouter l'une, tandis que l'autre attendait son tour.

Le sacristain parut alors, et au son d'une petite clochette, il congédia tous les fidèles qui ne parurent nullement étonnés que deux femmes, accompagnées d'un homme qui portait tout l'extérieur d'un domestique, fussent occupées au confessionnal d'un chanoine. L'église fut alors fermée. Le sacristain, homme sûr, dévoué depuis long-temps au prieur, ouvrit une petite porte de la boiserie au chœur de l'église. Il passa devant, tenant deux cierges allumés, et le bon prieur, prenant les mains des deux dames, les fit monter un escalier étroit qui menait à son appartement. Là, il les fit asseoir et leur offrit des rafraîchissemens qu'il les força d'accepter, en disant que la cérémonie qui allait avoir lieu serait longue.

Espérie, étonnée de cette réception, cherchait toujours des yeux son oncle, qui devait être le héros de cette cérémonie. Ne le voyant point là, elle en témoigna sa surprise au prieur. Celui-ci lui répondit en souriant : Nous allons le retrouver, mademoiselle, il n'est pas loin de nous.

En effet, quelques momens après que ces dames se furent reposées, le prieur leur fit descendre le même petit escalier. Au niveau du chœur, dont la boiserie était refermée, une grande dalle de pierre était levée et offrait l'entrée d'un escalier souterrain, mais plus large et plus commode que le premier. Après avoir descendu environ trente marches, une porte s'ouvrit, et notre Espérie fut soudain frappée du spectacle qui s'offrit à ses regards surpris. Dans une vaste chapelle gothique, dont la voûte retombait, de distance en distance, par des pendentifs terminés en rosaces, ou en croix grecques, on voyait s'élever un immense cénotaphe en pierre, sur lequel reposait, en pierre aussi, le simulacre du fameux paladin Roland, armé de toutes pièces. Sur son estomac, un coussin de velours écarlate brodé en or, portait son fameux *Durandal*, glaive qui fut toujours victorieux. A ses pieds, et sur un plus petit coussin de même étoffe, on voyait son petit cor, ou olifant. Du pendentif le plus grand de la voûte, tombait sur tout cela une couronne garnie de rubis, de saphirs, d'émeraudes d'un prix inestimable, à laquelle flottait un pavillon de satin blanc, sur lequel des lettres, brodées en or, formaient ces trois mots, pris depuis pour légende par les chevaliers de l'Hermitage Saint-Jacques :

DIEU ! LE ROI ET LA PATRIE !

Autour du cénotaphe, brûlait une quantité considérable de bougies, et la multitude de cierges qui éclairaient ce temple souterrain, en faisait une véritable chapelle ardente.

Au fond, on voyait un autel richement décoré et tout préparé pour y célébrer le sacrifice de la messe.

Espérie trouva beaucoup de monde réuni dans ce lieu saint. C'était tous gens attachés au parti de Henri. Protestans, catholiques y étaient confondus, pourvu qu'ils fussent bien sincèrement les amis du bon roi ; ce qui prouvait la sagesse et la tolérance des chanoines. Il n'y en avait que six ; car tous n'étaient pas là. Ceux de la communauté qui professaient hautement leur attachement pour la ligue, ignoraient cette cérémonie, qu'on avait eu grand soin de leur cacher. Ceux-là dormaient tranquillement dans leur lit, sans se douter de ce qui se faisait dans la chapelle souterraine, qui n'avait de communication qu'avec la chambre du prieur et l'église. Les six chanoines et ce bon prieur, royalistes zélés, étaient donc dans cette chapelle basse. Espérie y vit Fabio, tous les domestiques du château de Rançon, et à leur tête le vieux sir de la Touraille, ainsi que le chevalier de Solminiac. Une trentaine d'étrangers, qu'Espérie ne connaissait pas, occupaient également les stales, et, dans tout ce monde, Espérie ne voyait pas encore son oncle.

Le vénérable prieur monte à l'autel, fait sa prière, se retourne, et dit à haute voix :

« O vous, vrais et dignes Français, vous tous fidèles sujets, amis zélés de Henri de Bourbon, petit-fils de saint Louis, vous savez que, par un meurtre abominable, et que tout cœur français doit abhorrer, le dernier des Valois, Henri III, a terminé sa carrière. Le trône restait vacant ; mais il devait être à l'instant occupé par son légitime propriétaire. Droit de naissance, droit héréditaire, tous les droits y appelaient le descendant illustre du plus saint de nos rois. Henri, qu'on peut bien surnommer *l'homme de la droite du Seigneur*, mot dont, dans tous les temps, la flatterie n'a que trop abusé ; Henri devait donc monter, sans obstacle, sur le trône de ses ancêtres ! Mais.... ô mon Dieu ! comment as-tu permis ce crime !..... Une partie de ses sujets a eu l'audace de se révolter contre lui. Des ambitieux ont osé lui disputer le sceptre qui lui appartenait. Ils ont employé le mensonge, l'erreur, la guerre, le fanatisme, toutes les furies déchaînées de l'enfer, le fanatisme surtout ! l'ennemi le plus juré, le fléau le plus dévastateur de notre sainte religion. Le sang en un mot coule partout, et cela pour s'opposer à la loi la plus simple qu'aient formée les hommes vivant en société, pour empêcher un fils d'hériter de son père ! »

» Vous connaissez tous l'origine, les suites, les effets de ces guerres civiles, de ces troubles affreux qui, depuis tant d'années, ne font de la France qu'un vaste champ de carnage. Vous savez que ces maux sont aujourd'hui à leur comble. Quand finiront-ils ? Quand le Dieu de miséricorde daignera-t-il éclairer de sa grace ses faibles créatures ? Mettre un terme à leurs crimes ? Les sauver de leur propre fureur, arrêter enfin l'effusion du sang humain qui rougit cette terre d'abomination et de désolation ? »

« Il est assez temps, je crois, que des enfans rebelles déposent leurs armes et laissent rentrer leur père dans sa propre maison ; mais ce prodige, mes frères, qui l'opérera ? Qui peut se flatter de terminer le grand œuvre de la réconciliation et de la paix générales ? Qui, mes frères ?... Il est trouvé ; Dieu lui-même l'a désigné, ce grand pacificateur. Dieu a dit : *Je vous enverrai le juste et le juste mettra fin à vos discordes. Il fera rentrer l'épée dans le fourreau, et les enfans de la terre, réconciliés par lui, n'auront plus qu'un vœu, celui de s'aider comme frères et de m'honorer.* Dieu l'a dit, et a choisi enfin ce juste que sa bonté paternelle vous envoie. »

Le propre neveu du grand empereur Charlemagne, le célèbre Roland, s'est présenté lui-même, dans une sainte vision, au brave qui porte ici bas son nom, en même temps qu'il rappelle ses vertus guerrières. Oui, ce fameux Roland de Mortagne a vu l'ancien Roland, l'effroi de tous les paladins, qui lui a fait don de son épée pour en frapper les ennemis du roi que ses droits et les décrets de la providence appellent sur le trône de cet empire divisé. Cette épée, mes frères, ce glaive toujours invincible, que vous voyez, appartient donc maintenant au bras que Dieu a désigné pour s'en servir. Tout refus de notre part serait un acte de révolte ouverte contre la volonté de l'éternel. Qu'elle soit donc remise à ce héros, cette épée victorieuse ; qu'à son aspect tout ennemi du roi, de la paix et de la religion, fuie ou soit terrassé ; que par elle le trône de saint Louis soit rendu à son petit-fils ; que le bon Henri règne enfin sur un peuple de frères, et qu'ensuite cette épée miraculeuse nous soit rendue pour être replacée dans cet asile sacré, sur le corps de celui qui l'a possedée le premier, qui l'a rendue célèbre par tant d'explois glorieux ! »

« Y consentez-vous, mes frères, me donnez-vous votre approbation ? »

Tout le monde s'écria d'une voix unanime : oui ! oui !

Le plus âgé des chanoines ajouta : que la volonté de Dieu, que la vôtre, notre digne prieur, soient faites en toutes choses.

Alors le prieur dit à haute voix : Paraissez, noble et vaillant héros, de qui *Dieu, le Roi et la Patrie* attendent les plus hauts faits. Venez vous prosterner au pied du saint autel et y jurer, avant qu'on vous arme de ce glaive, que vous ne l'employerez que pour le salut de la France et de son roi légitime.

Alors Roland de Mortagne s'élança d'une porte secrète, et il parut, aux yeux d'Espérie, ainsi qu'à ceux de l'assemblée, vêtu comme les anciens paladins, comme l'était figuré le simulacre de Roland qu'on voyait étendu sur son tombeau. Sa taille élancée, son port majestueux, la noblesse, la régularité de ses traits, le feu du courage qui pétillait dans ses yeux, tout faisait illusion, et chaeun crut voir en lui le véritable Roland.

Espérie reconnut bien l'armure qu'avait portée, la première journée de son arrivée au château, le soi-disant chevalier-errant Robert ; elle vit clairement que son oncle avait pris, pour cette cérémonie, les habits singuliers de cet envoyé du Prévôt des marchands de Paris ; mais Roland les ennoblissait, et, loin de paraître ridicules, il rappelait, comme nous venons de le dire, les héros les plus renommés des temps héroïques de la chevalerie.

Roland de Mortagne, accompagné de son fidèle écuyer Adalard, qui ne le quittait jamais, lorsqu'ils étaient réunis, alla s'agenouiller sur les marches de l'autel, et il y resta, dans cette position, tout le temps que dura une messe basse que le prieur y célébra. Roland s'approcha ensuite de la sainte table; puis après, comme si cet acte de notre religion l'avait électrisé, il courut s'emparer du fameux Durandal, et, le brandissant dans sa main, il s'écria : glaive révéré! glaive invincible jusqu'à ce jour, je saurai te conserver ton antique réputation. Inspire-moi, guide ma valeur, double mes efforts, et par toi, par ce bras qui a l'honneur de te porter, les ennemis du grand Henri disparaîtront de la France comme ces feuilles d'automne qu'un coup de vent précipite de la montagne dans la profonde vallée!...

Roland se jette à genoux, prend les extrêmités de l'épée dans chacune de ses mains, la lève au ciel et continue : ô mon Dieu! si j'accepte ce bienfait inoui que tu m'as envoyé, je te jure que je m'en servirai pour ramener la paix dans ton église divisée, pour faciliter l'accès du trône à son légitime héritier, pour rendre enfin, à ma patrie, le calme, la tranquillité et le bonheur, qu'elle ne peut goûter que sous le règne du petit-fils de saint Louis! voilà, ô mon Dieu! mes projets, mes vœux et tout mon espoir! que ta bonté divine daigne les réaliser?

Après cette invocation, faite avec tout l'élans d'une grande ame, Roland de Mortagne étendit l'épée sur l'autel; le prieur la bénit; puis, en la lui rendant, il lui donna l'accolade de chevalier de Saint-Jacques. Tout le monde imita cet exemple, et Roland fut embrassé à la ronde avec une affection, une ferveur qui prouvaient bien tout ce qu'on attendait de lui. On chanta ensuite à voix basse le *veni creator*, et le digne prieur donna

la

la bénédiction à tous les assistans.

La cérémonie terminée, on éteignit les lumières, et l'on ne garda que quelques flambeaux qui éclairèrent la retraite de tout le monde par un long souterrain, dont la porte, condamnée depuis long-temps du côté de la chapelle de Roland, avait été rouverte ce soir-là ; elle fut, avant le lever du soleil, condamnée de nouveau, telle qu'elle l'avait été, ensorte que personne, de l'intérieur du prieuré, ne pût s'apercevoir qu'on eût entré et que l'on fût sorti par là.

Quant au souterrain, dont nous venons de parler, il s'étendait jusqu'aux caves immenses qui régnaient sous le vaste château de Rançon. On avait fait, dans ces caves, à la porte condamnée de ce souterrain, la même opération que du côté de la chapelle, et c'était par là que Roland et tout son monde s'y était rendu pour la prise de possession de la merveilleuse épée.

Outre tous ces débouchés qu'on a vus conduire à la chapelle Roland, il y en avait deux plus larges, plus commodes pour le public : à chaque côté du maître-autel de l'église de la collégiale, il y avait une porte qu'on laissait ouverte toute la journée ; par la porte à gauche, la foule des fidèles descendait dans ce lieu de dévotions, et cette foule n'en ressortait que par la porte à droite. Le lendemain, les fidèles du pays et des environs se présentèrent comme de coutume, pour aller honorer l'épée de Roland ; mais ils trouvèrent ces deux portes fermées. Un petit écrit, placardé à chacune d'elles, portait que : *la guerre continuant à faire couler le sang français, on ne verrait plus l'épée de*

Roland, jusqu'au moment où Dieu, par sa grace, daignerait rendre la paix à son église et à la France. Par décision du prieur, etc.

En effet, dès le matin, le prieur avait assemblé son chapitre dont étaient membres les six chanoines dévoués, comme lui, à la cause du roi, et, prenant pour prétexte que la vue d'une épée, telle que celle du paladin Roland, ne pouvait qu'enflammer les deux partis qui versaient réciproquement leur sang pour une diversité d'opinions, il croyait prudent de fermer la chapelle jusqu'à la paix. Cet avis, appuyé par ses affidés qui en connaissaient le motif, et peu combattu par les autres, qui n'y voyaient aucun inconvénient, fut adopté. A l'instant les portes de la chapelle basse furent fermées et le prieur s'en fit remettre toutes les clefs. Revenons au sir de Mortagne.

Ce brave guerrier qui, de tout temps, avait fait des prodiges de valeur dans l'armée du roi d'où il était revenu blessé, depuis quinze mois, n'eut pas plutôt en sa possession l'épée d'un héros, qu'il sentit s'accroître et son courage et le desir de combattre. Il aurait voulu pouvoir voler à l'instant au secours de Henri; mais sa présence était nécessaire à l'Hermitage Saint-Jacques. Il avait des ordres à y donner; il espérait y puiser des renseignemens bien précieux et qui lui étaient indispensables pour se présenter aux yeux du roi, muni de preuves de son zèle et de son dévouement à sa personne. Il fut donc convenu, en rentrant de la chapelle basse, que dès le lendemain, on partirait pour le Béarn, où était situé ce précieux Hermitage.

Espérie passa tranquillement le reste de cette nuit, et dès le point du jour, tandis que Sergie faisait les préparatifs de leur départ, la jeune comtesse de Hautefère lui dit : As-tu vu, Sergie?... vous me permettez ce langage de l'amitié? — Oh, mademoiselle, je vous supplie de n'en employer jamais d'autre avec moi! — Il me semble que cela convient mieux à mon cœur, à ma manière d'aimer.... Je te demandais donc, mon amie, si tu avais remarqué combien mon oncle était noble et beau, hier, sous ces habits d'un véritable paladin? — Je n'ai jamais vu, mademoiselle, un homme avoir une plus belle stature, un port plus majestueux. — N'est-ce pas qu'il avait l'air d'un héros? — Il avait l'air?... de Roland lui-même; chacun l'a remarqué comme moi. — Eh bien, ma chère Sergie, son fils est tout son portrait. — Sir Hunold? c'est vrai, vous m'y faites penser. — Connaîtrais tu sir Hunold, Sergie? — Je l'ai vu élever; il a deux ans de moins que moi, nous avons souvent joué ensemble, dans notre enfance. Ne vous ai-je pas dit, mademoiselle, que j'ai eu l'honneur de connaître toutes les personnes de votre illustre famille, mon père et moi ayant dû tout à leurs bienfaits. — Tu as connu Hunold, Sergie? te rappelles-tu ses traits. — Oh! il y a trop long-temps que je ne l'ai vu. C'est un homme à présent, à vingt-un ans tout à l'heure! — Il ne les a pas encore. Tiens, figure-toi voir son père plus jeune, à l'exception que mon oncle est brun, et que son fils est blond. — Mais vous m'en parlez, mademoiselle, avec un feu!.... — C'est que je..... — Ah! je devine; vous l'aimez? — Comme il m'aime. Cela nous est bien permis, puisque mon oncle, qui me sert de père à présent, consent à nous unir. Ma mère ne t'a donc jamais parlé de notre amour mutuel.—Jamais.... Ah! pardonnez-moi, une fois. C'était en me détaillant tous les projets qu'elle formait pour votre bonheur à l'avenir, et dès qu'elle serait sortie de sa triste prison; car l'infortunée ne pouvait pas croire qu'on dût attenter à sa vie; l'innocence ne peut se persuader des crimes. — Eh bien, que te disait ma mère à ce sujet?.... Tu sais que nous nous sommes promis de ne parler que de ma mère, dans tous nos entretiens?

Sergie sourit de la manière dont la jeune personne déguisait le vrai motif de sa curiosité : elle lui répondit : La comtesse Isabelle me dit bien qu'elle vous unirait à son neveu Hunold; mais elle ne m'apprit pas que vous ressentiez l'un et l'autre un amour mutuel. — Oh! cette circonstance aura échappée à ta mémoire. Ma mère a dû te dire que nous nous aimions, qu'elle avait encouragé elle-même le tendre sentiment dont l'hymen devait combler tous les vœux? Oui, je chéris Hunold; il m'aime de même et nous serons unis, en dépit de ce méchant Frédégond, que je hais à la mort. — Frédégond? attendez, je crois me rappeler.... N'est-ce pas le neveu?....

Espérie raconta à Sergie tout ce qui lui était arrivé depuis son arrestation, et elle finit par protester qu'elle préférerait mourir plutôt que d'épouser le digne neveu d'Antoine de Haut-Castel. Sergie, indignée des persécutions de ces deux misérables, l'y encouragea et lui promit de réunir

tous

tous ses efforts pour empêcher qu'un prétendant si indigne d'elle puisse jamais approcher de sa personne. La conversation retomba sur les perfections d'Hunold, et notre Espérie n'aurait pas fini de les détailler toutes, si Landry, que Roland lui avait donné pour la servir selon son desir, ne fût venu l'avertir que son oncle l'attendait pour déjeûner et partir ensuite.

Roland avait donné ses ordres pour la garde du château de Rançon, pendant son absence et celle du propriétaire, le comte Geoffroy. Tous ses préparatifs étaient terminés, et il emmenait avec lui, outre son écuyer, le vieux Hatton de la Touraille, le chevalier de Solminiac, et une partie de ses plus fidèles serviteurs. Cela devait former une petite caravane, assez forte pour se défendre en route, si elle était attaquée. Roland avait renfermé dans une longue malle sa précieuse épée, qui, s'il l'eût portée à son côté, aurait pu être reconnue d'une foule de gens qui l'avaient vue à Notre-Dame de Roquamadour. Ses effets les plus précieux, ainsi que les papiers de la conspiration d'Antoine, étaient renfermés dans cette même malle, qu'il devait surveiller lui-même et ne jamais perdre de vue, quoique ses gens la regardassent comme sacrée.

Tous nos amis partirent donc, les hommes à cheval et les deux dames dans la même litière, marchant au milieu des cavaliers. Avant de quitter le château, Espérie lui avait dit mentalement : Adieu, castel antique, qui fut autrefois le séjour du bonheur, où ma mère, après avoir avec raison refusé un méchant, devint la digne épouse du vertueux Aldouin de Hautefère, où s'alluma enfin la rage de l'ennemi cruel qui fut depuis le bourreau de ma famille, adieu ! puissé-je ne vous revoir que lorsque je serai la femme d'Hunold ! mon Dieu ! tu entends ce vœu de mon cœur ? daigne l'exaucer et mettre bientôt un terme aux maux que souffre ta faible créature !

Espérie monte en litière et la caravane s'éloigne du château.

Après avoir voyagé deux jours, sans qu'il leur arrivât d'accident, ils passèrent au pied d'un château-fort que Roland savait appartenir à un de ses amis, zélé royaliste comme lui. La nuit commençait à s'épaissir, et Roland préférait demander l'hospitalité à son ami, plutôt que de chercher tout autre asile, qui eût été ou peu sûr, ou trop éloigné. Voici, dit-il, le domaine du sir des Saussayes.

Entrons-y pour y passer cette nuit; il nous recevra bien, je vous l'assure. Landry ? Sonne à cette grande porte que tu vois devant toi.

Landry sonne; une voix s'écrie en dedans : qui vient à cette heure? — Le seigneur des Saussayes, crie Landry, est-il chez lui? —Le seigneur des ..... oui, il y est. —Dites-lui que le seigneur Roland de Mortagne lui demande l'hospitalité avec toute sa famille?

La voix ne répond plus; nos amis attendent long-temps. Enfin, on vient leur ouvrir la porte de fer, qui donne sur la campagne, et on les introduit dans une vaste cour. Des flambeaux s'allument; des gardes paraissent; on fait entrer nos voyageurs dans une longue galerie que Roland reconnaît très-bien, ainsi que les meubles qui la décorent. Il demande à parler au seigneur des Saussayes, son ami. Un des conducteurs lui répond brusquement, en ouvrant une porte : c'est-là, entrez?

Roland, les deux vieillards, sa nièce, Adalard et Sergie entrent.... Soudain l'homme qui marchait devant, sort, referme la porte sur eux, et leur emporte la lumière. Ils ne se trouvent plus éclairés que par une espèce de cierge de cire jaune qui jette une pâle clarté dans un coin de la vaste salle où ils sont ; une odeur infecte les saisit, et, tandis que les deux dames s'écrient : où sommes-nous, bon Dieu !.... Roland dit à son tour : Voilà une étrange aventure ! que signifie cette bizarre réception?

Il s'approche de l'endroit qu'on a si faiblement éclairé, et l'effroi qu'il éprouve le fait reculer de trois pas. Un cadavre, gisant sur un lit, vient de frapper sa vue. Ce cadavre, percé de coups récens, il l'examine; il croit le reconnaître, lorsqu'une voix fait entendre ces mots : Roland de Mortagne? ne demandais-tu pas à voir le seigneur des Saussayes? le voilà; il est devant tes yeux. . . . . .

Scélérat! s'écrie Roland, qui a pu l'assassiner?

La voix répond : la justice d'un Grand, ennemi des royalistes tels que toi..... Tu n'es pas chez le sir des Saussayes, mais chez le haut et puissant seigneur de Haut-Castel qui, depuis hier, a hérité de tous ses biens, en le punissant de ses opinions.

Grand Dieu, mon oncle, dit Espérie; nous sommes perdus! — Quel guet-à-pens, réplique Roland! — Ce n'est point un guet-à-pans, répart la voix; on ne t'a point attiré dans ce château ; tu t'y es présenté de toi-même.

Adalard interrompt : je connais cette voix ; je me trompe fort si ce n'est pas celle de Gélon. —C'est lui même, dit la voix.

A l'instant, une porte s'ouvre et Gélon parait tenant un pistolet d'une main et un flambeau de l'autre. Traître, lui dit Roland, est-ce toi qui as assassiné ce vertueux seigneur ?—Et quand ce serait moi, que vous importe, si j'ai suivi les ordres de mon maître ? —Et Antoine s'est emparé de tous ses biens ? —Dites qu'il les a confisqués. —Voilà donc les crimes que commettent journellement des scélérats tels que lui ! Nul frein ne les arrête ; ils n'en connaissent point ; ils se mettent, par leurs brigandages, au-dessus de toutes les loix. —C'est, comme partout, la raison du plus fort. —Il est donc ici, ce misérable Antoine? —Il n'y est point. Il n'y devait venir que dans huit jours; mais, dès qu'il saura que je vous tiens tous ici, et cela par l'effet du plus heureux hasard, il ne manquera pas de hâter son arrivée. En attendant, c'est moi qui le remplace. J'ai puni son ennemi; j'ai chassé tous les gens du sir des Saussayes, qui fuyaient devant moi comme les lièvres de la plaine. Il est vrai que j'avais avec moi trente hommes des troupes de mon maître, et qui sont encore ici.

Il regarde Adalard en riant d'une manière ironique, et il ajoute : c'est vrai, cette fois, seigneur écuyer. A l'auberge du Cheval blanc, je vous ai fait un petit mensonge; mais aujourd'hui je vous dis la vérité : Ainsi, messieurs, n'espérez pas vous échapper, vous êtes nos prisonniers; mais, comme j'ignore le sort que le seigneur Antoine réserve au seigneur de Mortagne, quoique je m'en doute un peu, je ne me permettrai pas de le charger de chaînes, non plus que ses compagnons de voyage, sans avoir reçu l'ordre de mon maître. Jusqu'à ce que je connaisse ses intentions, vous serez libres dans ce château, qui est assez bien gardé pour vous empêcher d'en sortir, et l'on aura, pour vous, tous les égards que méritent le nom du sir de Mortagne et sa haute condition. Je vais vous faire servir à souper, et on aura grand soin, là bas, de vos domestiques.

Il sortit. Roland et les deux vieillards étaient plongés dans une profonde douleur. Espérie et Sergie versaient des larmes, et Adalard réfléchissait, sans doute pour chercher le moyen de sauver son maître et ses amis. Mais quel moyen y avait-il? Prisonniers dans un château presque aussi fort que celui de Rançon, à l'exception qu'il n'avait ni fossés, ni pont-levis; gardés par une troupe de satellites du méchant Antoine, commandés par un homme aussi scélérat que lui, quels moyens prendre pour sortir d'un pareil danger! Adalard creusait en vain son esprit inventif; il n'en trouvait pas.

Tous étaient donc livrés au plus morne silence, lorsqu'une espèce de maître-d'hôtel parut et les invita à passer, pour souper, dans une pièce moins lugubre et mieux éclairée. Il les conduisit en effet dans la salle à manger que Roland reconnut encore, en poussant un profond soupir.... Mais que devint Adalard quand il retrouva dans ce maître-d'hôtel, l'hôte incendiaire de l'auberge du Cheval blanc? C'est ici, s'écria-t-il, le repaire du crime; nous n'y sommes entourés que d'assassins!

L'hôte se contenta, sans lui répondre, de le regarder avec un air qui ne paraissait ni étonné, ni fâché. Adalard l'examina de la tête aux pieds, et ne voyant rien, dans son extérieur, qui annonçât la menace ou le ressentiment, il en conçut un augure favorable.

Nos voyageurs étaient trop affectés pour toucher aux mets qu'ils voyaient sur la table, et qui d'ailleurs pouvaient être empoisonnés. Leur situation était tellement affreuse qu'ils ne pouvaient ni en sonder toute l'horreur, ni chercher à s'en tirer. Gélon n'était pas là, de manière que, servis par le seul maître-d'hôtel, qui paraissait plus farouche que redoutable, ils osèrent enfin se parler. Quel singulier événement! dit Roland; comment a-t-on deviné que nous descendrions ici? — On ne l'a pas deviné, répond à demi-voix, mais durement, l'hôte de l'auberge incendiée; cela est arrivé tout naturellement. Le seigneur de Haut-Castel a pris tant de châteaux, qu'il n'est pas étonnant que vous soyez descendus dans celui-ci, dont il est devenu le maître depuis avant-hier.

Adalard, voyant qu'il parlait enfin, se mit à l'interroger avec douceur: Ce n'est donc pas, lui dit-il, exprès pour nous retenir dans ce repaire, qu'on a assassiné le seigneur des Saussayes? — Ah bien oui, on pensait bien à vous! Est-ce que vous ne connaissez pas le seigneur de Haut-Castel donc? comme il devient de plus en plus puissant; il a fait égorger ce seigneur pour avoir ses grands biens, comme il le fera de tous les riches seigneurs des environs, qui y passeront tous. — Ainsi, il marche de crime en crime? — Que voulez-vous, il n'y a que le crime qui réussisse à présent. Dans ces temps de troubles, de révoltes, de trahisons, il n'y a pas de l'eau à boire à être honnête homme. — Aussi vous êtes bien riche, vous, monsieur l'hôte? — Ah! riche! si l'on m'en donnait davantage, je le prendrais bien encore. — J'entends: trahir qui a trahi, ne vous paraîtrait pas un mal, si l'on vous donnait beaucoup d'argent. — Pourquoi pas?

Adalard réfléchit.... puis il ajoute: Par exemple, il y aurait bien deux cents henris pour monsieur l'hôte, si monsieur l'hôte voulait, dès cette nuit même, nous tirer d'ici? — Chut? parlez bas? deux cents henris? c'est bien peu. Cependant, comme je n'ai pas été sans éprouver des regrets de ce qui vous est arrivé dans mon auberge, et que j'aime les honnêtes gens, je veux bien vous aider; mais cela sera difficile; car ici ce n'est pas comme chez moi, c'est gardé, ah, ah! c'est-à-dire, que ça ne l'était pas avant votre arrivée, mais que ça va l'être. J'ai déjà entendu Gélon donner l'ordre qu'on plaçât deux sentinelles à la porte, dans l'intérieur de la cour. Sans-doute qu'elles y sont déjà. Je vais voir cela, et je reviendrai.

Il sort. Adalard dit tout bas: Cet homme est à nous; nous sommes sauvés. Roland manifeste ses craintes sur la malle qui renferme Durandal et ses papiers. Tous les effets sont restés en bas avec Fabio, Landry et les autres domestiques, qui savent sans doute dans quel coupe-gorge eux et leurs maîtres sont tombés. Adalard répond : Du courage, mon brave maître, le ciel ne nous abandonnera pas.

L'hôte rentre : J'ai bien travaillé, dit-il, en peu de temps. D'abord, une poudre narcotique que j'ai jetée dans la boisson de Gélon, sous prétexte de lui demander ses ordres, pendant qu'il soupait, va nous l'endormir pour vingt-quatre heures au moins ; il est déjà tombé sur la table! ensuite j'ai été parler aux deux factionnaires. L'un d'eux s'appelle Jack, c'est un Anglais ; il a reconnu, m'a-t-il dit, cette dame, dont il est amoureux, et qu'il m'a dit se nommer Sergie.

Sergie répond : Il y avait en effet, pendant ma détention au château de Haut-Castel, un soldat qu'on appelait Jack, et qui m'importunait de son ridicule amour. — C'est lui-même, reprit l'hôte, il faut en profiter. Le second factionnaire est amoureux d'une certaine Catherine qui demeure à Haut-Castel même; je lui ai dit qu'elle était votre cousine, madame Sergie, et que vous avez tout crédit sur l'esprit de ses parens pour la lui faire épouser. Ecoutez : voilà ce qu'il faut faire. Sir Adalard, qui est un fameux troubadour, à ce qu'on m'a dit, va descendre au corps-de-garde, où je lui ordonnerai, en l'absence de Gélon, et comme par punition, de passer la nuit. Il tâchera d'amuser le poste, de le faire rire par ses chansons et sa guitare. Pendant ce temps, je conduirai madame Sergie vers les deux factionnaires auxquels elle promettra tout ce qu'ils demanderont.

Sergie rougit. Adalard s'empresse de la rassurer, en lui disant : Vous ne ferez que promettre, Sergie. On

sera

sera là pour vous défendre en cas de violence. Si une simple promesse de votre bouche peut sauver vos maîtres, Sergie?.... — Oh! mon Dieu, répond-elle, je suis prête à la donner.

Adalard s'adresse à l'hôte : Mais, dites-moi, vous qui avez l'air de vouloir nous aider, pouvons-nous nous fier au prétendu intérêt que vous nous témoignez? — Un mot va vous rassurer, réplique l'autre. Je suis las du métier que je fais. C'est malgré moi que j'ai suivi Gélon, depuis mon auberge jusqu'ici. Il me menaçait de me faire pendre, si je ne me dévouais pas entièrement aux vengeances que son maître avait à exercer. Une petite somme que j'ai amassée, l'argent qu'il m'a donné, celui que vous me promettez, tout cela me suffira pour aller vivre, avec ma femme, dans quelque coin du monde ; car mon intention est de fuir, avec vous, ce château où il me serait fait un mauvais parti, si j'y restais après vous en avoir fait échapper. Vous voyez que je suis à vous? — Pour de l'argent? — Ah dame ! écoutez donc, l'argent est quelque chose, et, entre nous autres larrons, c'est à qui se trompera réciproquement, s'il le peut, pour de l'argent. Mais nous n'avons pas de temps à perdre. Suivez-moi tous, et descendons?

Nos amis suivirent ce misérable qui leur devenait si utile. Il les enferma dans une salle basse, en face et sous les yeux mêmes du corps-de-garde, à l'exception d'Adalard qu'il y fit entrer, muni de sa guittare, et de Sergie, qu'il conduisit aux deux factionnaires. Sergie eut à entendre là toutes les belles protestations d'amour de l'anglais Jack. Elle protesta ensuite à l'autre qu'elle lui ferait épouser sa maîtresse Catherine ; puis, revenant à Jack, elle lui promit un rendez-vous, pour le lendemain matin, dans le petit bois qui bordait la route, attenant la ferme du château, à un quart de lieue. Quand elle les vit bien persuadés de la sincérité de ses promesses, elle les supplia de la laisser sortir, elle, ses maîtres, leurs gens et leurs équipages.

Cette proposition parut effrayer les deux soldats. Ils réfléchirent, se consultèrent, et ne consentirent à sa demande qu'à condition qu'ils prendraient la fuite avec elle, ce qui assurerait mieux l'effet de ses promesses.

Nouvel embarras pour Sergie!

Elle ne savait plus que dire, lorsque le maître-d'hôtel, que nous appelerons encore l'hôte, leva cette difficulté. Je ne vous cache pas, dit-il aux deux factionnaires, que le sir de Mortagne m'a promis de me donner beaucoup d'argent, lorsque je l'aurai mis, lui et les siens, en lieu de sûreté. Je l'accompagnerai donc; vous le laisserez passer; avant le jour, je reviendrai vous rapporter les sommes que je lui aurai demandées pour vous, et qui seront plus que suffisantes pour vous faire à chacun un état lorsque vous vous serez sauvés à votre tour, et soustraits au ressentiment de vos chefs; je vous en donne ma parole d'honneur.

Les deux factionnaires ne pouvaient pas apprécier la parole d'honneur d'un homme, qu'ils ne connaissaient que pour être le chef du château après Gélon. Une promesse d'argent leur fit faire tout ce qu'on leur demandait.

En conséquence, pendant que les couplets gaillards ou bachiques d'Adalard faisaient rire les soldats du poste, tellement aux éclats qu'ils n'auraient pas entendu un coup de tonnerre, on fit sortir les chevaux un à un, les bagages, les domestiques, puis enfin Roland et sa famille. Quant à Adalard, qui avait payé du vin et fait boire les satellites de Gélon, au point qu'ils commençaient à s'endormir tous, l'hôte vint le chercher à son tour, et tous deux s'enfuirent pour ne jamais rentrer dans ce repaire.

Ils ne tardèrent pas à rejoindre Roland, qui remit à son libérateur la somme promise; après quoi l'hôte s'en alla de son côté, et nos amis doublèrent le pas pour tâcher d'être, au point du jour, hors des atteintes de Gélon et de son odieux maître.

C'est un miracle, s'écria Roland, que notre délivrance, et je ne doute pas qu'il ne soit dû au talisman, à la merveilleuse épée que nous emportons avec nous ! Ainsi Dieu a daigné écarter de nos têtes la tempête prête à nous foudroyer, et tout nous prouve que nous arriverons au but de notre voyage sans avoir de nouveaux dangers à courir.

Il se trompait. Le sort lui en réservait un autre non moins sérieux, et que toute la prudence humaine ne pouvait ni prévoir, ni prévenir.

Il y avait alors en Gascogne, et tout près du Béarn, une espèce de vallée qui, depuis, a été comblée, et qu'on appelait le val du Diable, parce que, dans certaine saison de l'année, elle se remplissait soudain, et d'une manière invisible, d'une eau chaude, formant une espèce de lac fumant, comme s'il était rempli d'eau bouillante. Une ancienne tradition disait que lorsque les damnés s'agitaient trop dans les chaudières de l'enfer, l'eau se renversait, et que son trop plein se répandait dans cette vallée, le lieu de la terre le plus voisin du séjour éternel de la réprobation céleste. La vérité est que, par un phénomène assez commun dans le midi de la France, des eaux minérales filtraient dans ce bas-fond au moyen de petites sources, desséchées la plus grande partie de l'année, et qui se remplissaient alors. Les gens du pays qui traversaient continuellement cette plaine, savaient à peu près à quelle époque elle devenait impraticable, et s'abstenaient d'y passer.

Ce fut à cette dernière époque que nos voyageurs, voyant au loin devant eux le Béarn, auquel ils brûlaient d'arriver, s'approchèrent de cette vallée, sans se douter qu'elle dût leur offrir bientôt une barrière insurmontable. Les eaux commençaient à y sourdir, mais d'une manière qui paraissait peu dangereuse. Roland la traversa rapidement le premier, en avertissant ses deux parens, que c'est un gué, qu'ils prennent garde à eux.

Adalard pique son cheval et rejoint bientôt son maître avec Fabio. Mais le vieux sir de la Touraille et le chevalier de Solminiac sont à peine au milieu, que l'eau, plus rapide que la marée montante, s'élève, de tout côté, soulève leurs chevaux et les fait tomber dans cette nouvelle mer. Tandis que Roland, Adalard, Fabio, et

leurs

leurs gens, arrivés sur la rive opposée, cherchent les moyens de sauver les vieillards, Espérie, effrayée de ce déluge nouveau, perd connaissance. Landry a arrêté les mulets de la litière qui ne sont pas encore engagés dans le lac; mais l'état de sa maîtresse le frappe de terreur; il ne sait, non plus que Sergie, quel secours lui donner.

Une femme de campagne accourt en s'écriant : Mon dieu, mes bons seigneurs, quel malheur! Je le prévoyais ben, moi; je vous criais de loin de ne point passer; vous ne m'avez donc pas entendue?.... Et cette jeune dame évanouie..... Tenez, tenez, vous voyez ben ma chaumière, sur cette hauteur, à cent pas d'ici, aidez-moi à l'y transporter, je li donnerai tout ce que je possède pour la faire revenir à elle. Jesus-Maria! et ces deux vieux seigneurs, ils seront noyés !

Landry ne pense qu'à sa jeune maîtresse. Il la porte, aidé de Sergie et de la paysanne, dans la chaumière de cette dernière ; et, voyant que deux femmes suffisent pour donner des soins à Espérie, il retourne au lac pour se joindre à Roland, à Adalard, afin d'en retirer les deux vieillards ; mais lui se trouvant d'un côté et Roland ainsi qu'Adalard de l'autre, que pouvaient-ils faire ?

Cependant la paysane et Sergie parviennent à faire recouvrer à Espérie ses sens ; mais un incident d'une autre espèce vient la replonger dans de nouvelles terreurs. On entend le bruit de plusieurs gens à cheval qui accourent vers la chaumière. C'est une trentaine de soldats, commandés par le chevalier Frédégond lui-même! Il entre dans la chaumière, et reste frappé d'étonnement en y rencontrant Espérie. Vous, mademoiselle de Hautefère, dit-il, vous ici? avec cette dame seulement? Qui vous a conduite en ce lieu désert? Comment vous y trouvez-vous? et quelle heureuse étoile m'a fait moi-même y entrer?

Espérie ne sait si elle veille ou si elle rêve. Elle reste insensible et ne peut prononcer un seul mot, tant son ame est glacée de surprise et d'effroi. Le chevalier s'adresse à Sergie : Qui êtes-vous, mademoiselle? Veuillez me dire?.... mais je reconnais vos traits ; vous êtes la fille du sir de Sergie? Quel rapprochement avez-vous donc avec mademoiselle de Hautefère, et comment vous amusez-vous, deux femmes seules, à courir ainsi les champs?

Sergie lui répond : Nous n'étions point seules, monsieur; un événement inattendu nous a séparées de notre compagnie. Mademoiselle de Hautefère s'est trouvée mal ; cette bonne femme l'a reçue dans sa demeure, et j'espère que vous n'abuserez point, chez elle, de l'hospitalité qu'elle nous donne?

Frédégond va répliquer.... Un ecclésiastique entre, et, sans prendre garde à ce qui l'entoure, il dit au chevalier : Je viens d'examiner l'effet du lac intermittent dont on nous a prévenu de nous méfier. Il paraît que des voyageurs plus imprudens que nous.... Mais, ciel! en croirai-je mes yeux; mademoiselle de Hautefère ici? — J'en ai été, répond Frédégond, aussi surpris que vous. Oui, c'est elle, et, pour cette fois, elle est bien en mon pouvoir, mon cher abbé Milet.

C'était en effet l'abbé Milet qui, revenant du lac où il avait reconnu de loin Roland de Mortagne et l'écuyer Adalard, se douta sur-le-champ de l'accident qui avait conduit Espérie dans la chaumière de la paysanne. Il frémit et la crut perdue, la voyant entre les mains de Frédégond. L'abbé Milet regarda fixement ce dernier, et lui dit : Que pensez-vous faire, chevalier? — Et de par tous les saints! j'espère emmener cette beauté rebelle. Qui oserait me la disputer? j'ai là trente hommes pour me défendre. — Vous oseriez?.... — Oui, j'oserai tout; mais admirez donc, cher abbé, comme le hasard me sert? A peine suis-je rétabli d'une tentative d'assassinat sur ma personne, que mon oncle me charge d'aller faire exécuter quelques-uns de ses ordres dans le Béarn. Revenu sur cette route, je m'y trouve arrêté par le lac miraculeux ; j'entre ici pour y écrire quelques instructions que je veux envoyer à l'instant à nos amis de Maubourget, de Vic-de-Bigorre, de Rabastens, et j'y trouve mademoiselle, pâle, défaite, abattue, toute troublée, apparemment du plaisir de me revoir. Est-ce être heureux, cher abbé ? — Le cher abbé, monsieur, ne trouve pas cela aussi heureux que vous le dites ; mais comme je sais que mes conseils ne feront rien sur une tête aussi volontaire que la vôtre, je me retire pour vous laisser tout le loisir de suivre un projet que je ne puis approuver. —Vous me quittez, scrupuleux précepteur ? — Oui, monsieur ; je remonte à cheval, et vous ne me reverrez plus qu'à Haut-Castel.

L'abbé Milet sort en effet, et notre Espérie, qui lui tendait les mains pour le supplier de rester, tombe dans un espèce de désespoir. Elle ne sait pas ce que c'est qu'accabler son ennemi d'injures; mais elle verse des torrens de larmes, en conjurant l'Être suprême de venir à son secours. Frédégond ne fait que rire de sa douleur. Il passe dans une espèce de cuisine qui est attenant la salle où la paysane a fait asseoir Espérie, et, s'y enfermant pour n'être pas distrait par les plaintes de sa prisonnière, il se met à écrire tranquillement.... Voilà donc Espérie tout à fait au pouvoir de Frédégond. Qui osera, qui pourra même la retirer de ses mains?

Le ciel, cependant, n'entend jamais en vain les prières de l'innocence. Il seconda, dans ce moment fatal, le zèle et la hardiesse de ses libérateurs.

L'abbé Milet n'était point parti

tout à fait, comme il l'avait assuré à Frédégond pour le tromper. L'abbé Milet était monté à cheval, à la vérité ; mais, courant vers le lac, il cria de loin aux parens d'Espérie : Holà! messieurs, au secours de mademoiselle de Hautefère? elle est en la puissance de Frédégond, dans cette cabane, là haut.

Heureusement que, d'après les effets vraiment intermittens de ce lac, qui s'élevait, s'abaissait plusieurs fois dans la même heure, il se trouvait alors presqu'à sec. Les deux vieillards étaient sauvés. Roland et son écuyer revenaient vers la cabane où Landry leur avait dit qu'il avait laissé Espérie évanouie. Tous rejoignirent l'abbé Milet, et celui-ci leur détailla le nouveau malheur qui venait d'arriver. On tint conseil, dans ce danger pressant, et l'esprit inventif d'Adalard lui fournit soudain un moyen de délivrer Espérie. Frédégond, dit-il, ne me connaît pas ; dans cette affreuse soirée du tremblement de terre, où la nuit était des plus épaisses, il n'a pu me remarquer, et je ne lui ai pas laissé le temps d'examiner mes traits, lorsque le renversant brusquement, je lui ai fermé et la bouche et les yeux. Je puis donc me présenter à ses regards sans craindre de me rappeler à son souvenir. Je vais tenter cette périlleuse aventure, et si j'ai le bonheur de vous ramener les deux dames, soyez prompts à les faire partir le plutôt possible pour le Béarn, dont nous ne sommes qu'à deux pas, et où nous n'aurons plus de pareils dangers à redouter. Vous, monsieur l'abbé Milet, veuillez venir avec moi pour donner plus de poids aux mensonges que je vais débiter au chevalier Frédégond, et qui ne vous compromettront en rien, j'ose vous l'assurer.

L'abbé Milet y consent ; il suit Adalard qui pique des deux, et ils arrivent ensemble à la chaumière de la paysanne. Comme, en route, ils s'étaient donné réciproquement leurs instructions, l'abbé Milet entra le premier et dit à Espérie, qui se jeta presque à ses genoux : mademoiselle, je ne puis rien en ce moment : votre malheureuse étoile vous a fait tomber au pouvoir du chevalier Frédégond. Tâchez, par votre douceur, par votre résignation, d'adoucir un homme qui vous aime et qui, par conséquent, ne peut vouloir que votre repos et votre bonheur.

La sévérité, avec laquelle l'abbé Milet affecta de prononcer ces mots, fit trembler Espérie, qui pensa qu'Adalard n'avait que trop bien jugé cet ecclésiastique. L'abbé Milet ajouta : je ne vois pas le seigneur Frédégond ; où est-il donc ? —Il écrit là dedans, répondit timidement la craintive Espérie. — Il faut que je lui parle ; je le quittais en effet, lorsque j'ai rencontré un particulier qui a, dit-il, les choses les plus importantes à lui communiquer. N'oubliez pas, mademoiselle de Hautefère, que l'inconnu que je vais lui présenter, est un ardent ligueur, envoyé au chevalier par ses amis de Mirande et de Maubourget.

L'abbé Milet introduit Adalard, et notre Espérie, qu'il salue froidement, comprend, en le reconnaissant, que le ciel lui envoie un libérateur. L'abbé Milet ouvre la porte de la pièce où travaille Frédégond, et la referme après y être entré avec Adalard. Chevalier, lui dit l'abbé Milet, vous me revoyez parce que ce franc ligueur, que j'ai rencontré, m'a demandé où il pourrait vous trouver, sachant que vous reveniez par cette route : il a, dit-il, des ordres à vous demander.

Frédégond examine notre hardi écuyer avec une attention qui aurait fait pâlir tout autre qu'Adalard. D'où venez-vous, lui demanda-t-il froidement?

L'écuyer de Roland répond : je vous suis envoyé par les sirs de Vauchères et de Francqueval, l'un de Mirande, et l'autre de Maubourget ; vous les connoissez, seigneur? —Si je les connais! après, que me veulent-ils? —Ils vous prient de venir sur-le-champ avec moi. —Avec vous, pourquoi? — Pour examiner une cassette qu'on a saisie sur le téméraire Roland de Mortagne ; et qui contient, disent-ils, des papiers très-importans pour vous. —Grand Dieu!.... Ce sont les papiers de mon oncle; j'y vole, je vous suis partout. —Ils desireraient que vous me donnassiez un ordre pour savoir ce qu'ils doivent faire de Roland, qu'on a arrêté. —Quelles excellentes nouvelles! mon ami, ils tiennent Roland et sa cassette? —Ils tiennent la cassette et Roland. — Je n'ai pas alors besoin de tout quitter pour y aller à l'instant. — C'est ce que j'allais me permettre de vous dire. —J'ai d'ailleurs à écrire ici pour environ une heure, et ce que je fais est pour le moins aussi pressé! retournez vers ces fidèles ligueurs; dites-leur que tantôt ils me verront. Ne perdez pas un instant, partez. —Et l'ordre, seigneur? —Ah! j'allais l'oublier. C'est que la certitude que ces papiers sont retrouvés, que Roland est arrêté.... Dites, l'abbé, n'y a-t-il pas de quoi tourner la tête. —Oh! répond l'abbé Milet, vous êtes si heureux du malheur des autres! moi, je le plains, ce brave Roland. — Eh pourquoi le plaindre, réplique Adalard? il éprouve, en ce moment, le sort qu'il mérite. Oh! je vous assure qu'il est bien où il est. —C'est vrai, repart Frédégond, qui écrivait l'ordre de le plonger dans le plus noir cachot.

Il confie cet ordre à Adalard et se remet à écrire. L'Abbé et l'écuyer sortent, referment sa porte; puis prenant chacun par une main Espérie et Sergie, ils sortent tout-à-fait de la salle, en remerciant la bonne paysanne; d'autant plus ébahie de ce qui se passe, qu'elle n'a participé à aucun de ces événemens. Il n'y avait point de factionnaires au dehors. Seulement les satellites de Frédégond l'encombraient, ou se promenaient. Adalard se contente de leur montrer le papier cacheté de la main du chevalier, tandis que l'abbé Milet leur dit : nous avons l'ordre de conduire ces deux femmes à leur destination.

L'abbé Milet était trop connu, comme ami de Frédégond, pour que sa garde conçut le moindre soupçon sur lui. Cette garde d'ailleurs ne savait pas ce qu'était Espérie, ni comment elle se trouvait dans la chaumière, ni l'importance enfin que mettait à l'avoir retrouvée Frédégond, qui leur avait seulement ordonné de la surveiller, de l'empêcher de sortir. M. l'abbé Milet, se dirent ces soldats étonnés, la conduit sûrement, avec sa compagne, dans les prisons de la ville prochaine!

Ainsi notre Espérie échappa au plus grand des malheurs, et elle dut encore cette troisième délivrance à l'adresse, au courage et au zèle inépuisable du fidèle Adalard.

Aussitôt qu'ils eurent rejoint Roland et ses deux parens, Espérie se jeta dans les bras de son oncle, et celui-ci, s'adressant à son écuyer, lui demanda, en souriant, comment il s'y était pris pour lui rendre de nouveau sa nièce chérie.

Adalard lui raconta ce qui s'était passé, et, quand il fut à la prière qu'il avait faite à Frédégond *de venir avec lui*, Roland s'écria : Eh ! mon ami, tu aurais été bien sot s'il t'eût suivi ! — Pas du tout, répondit Adalard. Il m'aurait accompagné, n'est-ce pas ; M. l'abbé que voilà ne vous en eût pas moins ramené les deux dames, et moi j'aurais trouvé le moyen de quitter la compagnie de mon incommode surveillant. — Oh ! il l'aurait trouvé !... C'est comme la malle aux papiers précieux que ce Frédégond croit saisie, j'ai toujours oublié de te demander, Landry, comment ce coquin de Gélon ne s'en était pas emparé, hier, dans le château de ce malheureux des Saussayes, où nous attendait l'embuscade la plus imprévue ?

Landry répond : Vraiment, nous n'étions pas plutôt dans la cour, Fabio, vos autres gens et moi, que voyant ces soldats rire à notre nez, et reconnaissant l'hôte perfide du *Cheval Blanc*, qui allait et venait, nous devinâmes que nous étions tombés dans un nouveau coupe-gorge. Songeons à la malle, dis-je à Fabio, et, vive Marie ! qu'ils nous tuent avant de s'en emparer ! .... Ils ont voulu nous la prendre ; mais nous nous sommes cloués dessus, en criant que c'était notre malle, qu'elle renfermait nos nippes, à nous autres pauvres valets ! .... Ils m'en ont demandé la clef, je leur ai répondu que je l'avais jetée dans la rivière, afin qu'on ne pût pas l'ouvrir si des voleurs nous attaquaient en route, et attendu que la serrure avait un secret, que moi seul connaissais, dont je venais à bout sans clef..... Oh ! j'ai tenu bon ; mais notre délivrance s'est faite si promptement, qu'ils n'ont pas eu le temps de beaucoup me persécuter. Si nous étions restés là un jour de plus, ils auraient exigé que j'ouvrisse la malle; ils l'auraient plutôt brisée, c'est sûr. Dans tous les cas, seigneur Roland, je me serais fait hacher plutôt que de souffrir qu'on vous ravît la merveilleuse épée dont nous attendons tous la fin des maux de notre bon roi, et le salut de la France !

Ces explications se donnèrent rapidement, en galoppant le plus vîte possible, pour éviter les poursuites de Frédégond qui ne devait pas tarder à être instruit du tour qu'on venait de lui jouer. L'abbé Milet, après avoir souhaité un bon voyage à nos amis, était retourné vers le chevalier; il ne redoutait, disait-il, nullement sa colère pour avoir participé à cette ruse; l'abbé Milet au contraire se proposait de le railler, pour avoir donné, comme un enfant, dans le piége qu'on lui avait tendu. Il ajouta : il est certain que la rentrée de ses papiers et une prise aussi importante que celle du sir de Mortagne, étaient bien propres, ainsi qu'il le disait lui-même, à lui tourner la tête.

Nos voyageurs entrèrent enfin, sans obstacles, en Béarn, où ils n'avaient plus rien à craindre des Antoine, ni des Frédégond, cette province étant presque entièrement royaliste et remplie de chevaliers de Saint-Jacques prêts à secourir un de leurs compagnons d'armes qui serait en danger.

Là, Roland dit à son Espérie, en la serrant dans ses bras. Nous allons visiter, ma nièce, le fameux Hermitage Saint-Jacques ; nous y reverrons ton aïeul, le comte de Rançon, ton cher cousin Hunold, nos parens, nos amis. Quoique le bonheur et la sécurité paraissent nous y attendre, il faut néanmoins que tu prépares ta grande ame à un coup violent que je dois t'y porter. Tâche donc de t'aguérir de nouveau contre le malheur. Celui qui va te frapper sera bien douloureux pour ton cœur sensible ; compte, au moins, ma chère Espérie, que je tâcherai d'en adoucir, de toutes mes forces, la cruelle amertume ! »

ÉPILOGUE.

Ici, l'heure avancée nous avertit que nous avions assez lu. Nous nous séparâmes, mon vieillard et moi, selon notre habitude, et nous remîmes au lendemain à savoir, de notre gros manuscrit, quel était ce nouveau malheur qui menaçait Espérie. Pour moi, je ne pus le deviner, ne voyant rien jusqu'à présent qui le présageât, Espérie étant maintenant en Béarn, en sûreté, disait-on, et près d'un oncle, d'un protecteur qui allait rejoindre ses amis..... Mais qui peut prévoir ce qu'une funeste destinée réserve à la victime qu'elle ne cesse de poursuivre!

FIN DU TOME SECOND.

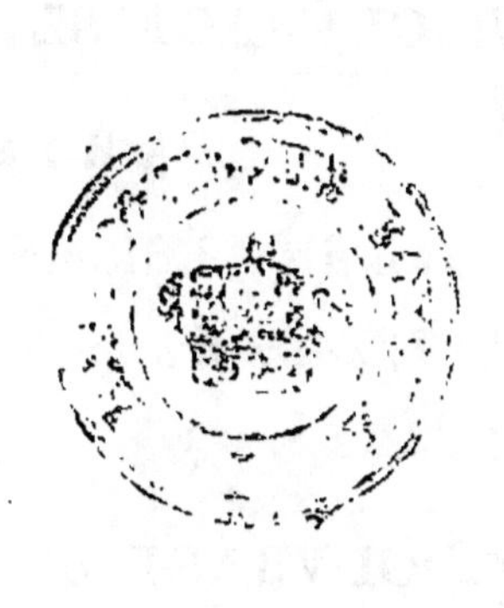

CET OUVRAGE SE TROUVE,

A PARIS,

Chez MÉNARD fils, Éditeur du *Répertoire général du Théâtre français*, 51 vol. in-12.

CET OUVRAGE SE TROUVE,

A PARIS,

Chez MÉNARD fils, Éditeur du *Répertoire général du Théâtre français*, 51 vol. in-12.

CET OUVRAGE SE TROUVE,

A PARIS,

Chez MÉNARD fils, Éditeur du *Répertoire général du Théâtre français*, 51 vol. in-12.

CET OUVRAGE SE TROUVE,

A PARIS,

Chez MÉNARD fils, Éditeur du *Répertoire général du Théâtre français*, 51 vol. in-12.

RÉPERTOIRE GÉNÉRAL

DU

THÉATRE FRANÇAIS,

51 vol. in-12, bien imprimés, en caractères petit romain neuf, sur bon papier.

Il reste aussi quelques exemplaires sur papier vélin.

CETTE intéressante et nombreuse Collection, qui forme à elle seule une Bibliothèque indispensable à tous les Acteurs et Amateurs de l'Art et du Théâtre, et que la modicité de son prix met à la portée de toutes les classes de la Société, est divisée en deux parties.

La première contient les Théâtres des Auteurs dramatiques du *premier ordre*, savoir : *Pierre* et *Thomas Corneille, Racine, Crébillon, Voltaire, Molière* et *Regnard*.

La seconde partie renferme toutes les Pièces des Auteurs du *second ordre*, publiées en 1804, par M Petitot, sous le titre de *Répertoire du Théâtre Français*, 23 vol. in-8°. Elle renferme en outre plusieurs autres pièces dont la propriété n'était pas encore publique à cette époque.

On a ajouté à cette édition une Notice sur la vie et les ouvrages de chacun des Auteurs, avec la Note de toutes les Pièces qu'ils ont faites et la date des premières représentations. Ainsi la première Pièce de chaque Auteur se trouve précédée de sa vie.

On a fait suivre cet Ouvrage de deux Tables générales, l'une par noms d'auteurs, qui a l'avantage de rappeler à la mémoire les Pièces de chacun d'eux; l'autre, par ordre alphabétique des pièces, qui indique le tome de la Collection où elles se trouvent.

www.ingramcontent.com/pod-product-compliance
Lightning Source LLC
LaVergne TN
LVHW010544110826
845149LV00003B/562
* 9 7 8 2 0 1 1 8 6 9 9 9 9 *